民富论
——创业的基本规律
【第五版】

赵延忱 著

CAUSES OF WEALTH OF PEOPLE

中央编译出版社
Central Compilation & Translation Press

图书在版编目 (CIP) 数据

民富论：创业的基本规律 / 赵延忱著. —— 5 版. —北京：中央编译出版社，2019.10
ISBN 978-7-5117-3730-4

I. ①民… II. ①赵… III. ①企业管理－研究 IV. ① F272

中国版本图书馆 CIP 数据核字 (2019) 第 167870 号

民富论：创业的基本规律

出 版 人：葛海彦
出版统筹：贾宇琰
策划编辑：谭　洁
责任编辑：翟　桐
责任印制：刘　慧
出版发行：中央编译出版社
地　　址：北京西城区车公庄大街乙 5 号鸿儒大厦 B 座 (100044)
电　　话：(010) 52612345（总编室）　　(010) 52612368（编辑室）
　　　　　(010) 52612316（发行部）　　(010) 52612346（馆配部）
传　　真：(010) 66515838
经　　销：全国新华书店
印　　刷：北京紫瑞利印刷有限公司
开　　本：710 毫米 ×1000 毫米　1/16
字　　数：239 千字
印　　张：15.75
版　　次：2019 年 10 月第 1 版
印　　次：2019 年 10 月第 1 次印刷
定　　价：60.00 元

网　　址：www.cctphome.com　　邮　箱：cctp@cctphome.com
新浪微博：@中央编译出版社　　微　信：中央编译出版社 (ID：cctphome)
淘宝店铺：中央编译出版社直销店 (http://shop108367160.taobao.com) (010) 55626985

本社常年法律顾问：北京市吴栾赵阎律师事务所律师　闫军　梁勤
凡有印装质量问题，本社负责调换，电话：(010) 55626985

《民富论》：前世今生 40 年

在《民富论》第五版出版之际感触良多。15 年过去了，当年的畅销书沉淀下来：20 多个企业家《民富论》读书会成为思想传播的平台；以它为基础理论的《中国创业学》进入大学课程；用它的理论构建的"城市创业促进体系"成为在吉林省四平市的成功实践。

前世 22 年。10 年时间攀登经济学巨人的肩膀，12 年时间创造了 3 个企业。没有对经济学经典的通透理解，就没有抽象思维的能力，更不知道"企业从哪里来"是前人没说过的话。没有 12 年创造企业的实践，就不会有对创业路上遇到的"一路问题"的艰苦思考和在思考中产生的感悟，没有这些感悟，就不可能进行探索规律的理论创造。

今生 18 年。闭关著述 3 年，理论转化 15 年。先是扎进黄山脚下的鸳鸯谷，在与世隔绝的心灵空境中探索创业规律 3 年又 14 天。然后是"用规律解释实践问题"，出版了 12 本专题著作，再把基础理论与实践问题合并出版了 5 种教材，通过课程体系支撑了中国正确的创业教育和企业家与青年人的创业实践。

此间恰逢改革开放 40 年，是中国人民广泛持续的创业实践为《民富论》的理论创造提供了宝贵的思想材料，是大众创业的国家战略为《民富论》的传播提供了社会需求的广阔空间。感谢读者，感谢中央编译出版社，感谢我的国！

赵延忱

2018 年 12 月 28 日

目 录

第一章 中国创业学原理 /001

第一节 中国创业思想的来源 /002
一、经济学研究中的投资 /002
二、美国创业思想的发展 /005
三、中国创业思想的产生 /009

第二节 创业原理的形成 /013
一、研究对象的确立 /013
二、知识体系的构建 /016
三、指导实践的作用 /020

第三节 探索创业的三大规律 /022
一、创业基本问题 /022
二、创业基本过程 /028
三、创业的基本矛盾 /032

第二章 创业趋势与环境 /034

第一节 创业的社会趋势 /035
一、创业是人性与市场结合的必然 /035
二、创业是扩大内需的根本出路 /037
三、创业是造就企业家的必由之路 /039

第二节 创业的社会环境 /041

一、私有财产权与金融体制的改革　　/041

二、民间投资的方向与中国的巨大市场　　/045

三、快乐幸福的人生与开创事业的挑战　　/046

第三章　资本要素的灵魂　　/049

第一节　F资本——全新的资本形态　　/050

一、资本的概念　　/050

二、特殊的资本存在——灵魂资本　　/053

第二节　F资本的作用和意义　　/057

一、F资本对要素资本的作用　　/057

二、F资本对创业实践的意义　　/059

第四章　灵魂资本的生成　　/064

第一节　F资本的构成　　/065

一、把握项目的能力　　/065

二、献身事业的心力　　/068

三、迈进门槛的资历　　/070

第二节　F资本的打造　　/073

一、目标的设定　　/073

二、有心的实践　　/077

三、创造的条件　　/079

第五章　项目要素中的根　　/083

第一节　根的存在　　/084

一、实例分析　　/084

二、结果的背后　　/088

第二节　根的内涵　/091

　　一、项目要素中的优质基因　/091

　　二、多种要素综合而成的优势　/094

第三节　根的作用　/097

　　一、根是项目启动的依据　/097

　　二、根是未战先胜的条件　/099

　　三、根是多种选择的标准　/100

　　四、根是坚持不懈的基础　/102

第六章　创业资金解决之道　/104

第一节　创业起步的规定动作　/105

　　一、三个融资故事　/105

　　二、扑空，错在哪里？　/107

　　三、为什么一定扑空？　/108

第二节　创业本质与资金本质　/111

　　一、创业和资金的本质　/111

　　二、创业与资金的相互关系　/112

第三节　解决资金的现实道路　/114

　　一、解决资金问题的传统途径　/114

　　二、新型融资渠道简介　/116

第七章　项目的来源与选择　/119

第一节　用规律理解项目　/120

　　一、对待项目的观念　/120

二、选择项目的路径　　／122

　　三、理解项目的方法　　／124

第二节　优质项目的来源　　／126

　　一、从市场中来　　／126

　　二、从自身中来　　／128

　　三、从创造中来　　／129

第三节　移植项目的原则　　／132

　　一、代理一个好产品　　／132

　　二、选对一个好盟主　　／134

　　三、改进一个好项目　　／136

第四节　选择项目的程序　　／138

　　一、先做加法　　／138

　　二、再做减法　　／140

　　三、排序测试　　／142

第八章　不可逾越的模拟　　／144

第一节　模拟的必然　　／145

　　一、从演习到实战　　／145

　　二、从生产到市场　　／147

　　三、从实践到能力　　／149

第二节　模拟的作用　　／151

　　一、化解创业风险　　／151

　　二、制约偏执心理　　／152

　　三、确证关键要素　　／153

第三节　模拟的方法　　／156

目录

　　一、功能测试的方法　　／156
　　二、要素综合的方法　　／159
　　三、逆向运作的方法　　／161

第九章　与运转有关的理论问题　／164

第一节　运转成本　／165
　　一、不同经济过程中的成本　／165
　　二、创业运转成本　　／166

第二节　固定成本补偿的误导　／168
　　一、固定成本补偿理论　／168
　　二、对于创业的启示　　／170

第三节　盈亏平衡点的误导　／172
　　一、主题与内容的背离　／172
　　二、对创业的直接误导　／174

第四节　人才本质与制度　／177
　　一、人才的本质　　／177
　　二、人才的特性　　／178
　　三、人才的关系基础　／179
　　四、寻求制度创新　　／180

第五节　创业管理的特点　／183
　　一、管理内容在运转中产生　／183
　　二、管理目标是市场提供的　／184

第十章　创造存活条件的运转　／187

第一节　魂与根的融合　／188

一、特殊意义的运转　　/188

　　二、统一在运转之中　　/189

第二节　运转就是一切　　/191

　　一、创业过程的重要阶段　　/191

　　二、创造企业的第一目的　　/192

　　三、资本生命的存在形式　　/193

　　四、一切问题的解决条件　　/194

第三节　减轻运转负荷　　/196

　　一、减少固定资本投入　　/196

　　二、抛弃固定成本补偿　　/197

　　三、努力压缩运转成本　　/199

　　四、加速接近"运转时点"　　/200

第四节　强化运转动力　　/202

　　一、现金与资金不同　　/202

　　二、防范断流的办法　　/204

　　三、运转动力的来源　　/205

　　四、实现运转的策略　　/206

第十一章　创业与营销简论　　/208

第一节　创业销售特殊性　　/209

　　一、创业销售的习惯做法　　/209

　　二、体现特殊性的"十个没有"　　/210

第二节　建设创业营销的基础　　/212

　　一、营销基础的五块基石　　/212

　　二、开拓市场的五个构件　　/216

第三节　销售与运转实现　　/218
　　一、什么是"点规模渗透"　　/218
　　二、在三条通路上"渗透"　　/219

第十二章　走出创业的误区　　/223

第一节　无魂之躯　　/224
　　一、决策的作用　　/224
　　二、理性的迷惘　　/227

第二节　无根之木　　/229
　　一、预埋的种子　　/229
　　二、规模的失当　　/231

第三节　无序之举　　/233
　　一、速度的力量　　/233
　　二、求快的后果　　/235

第一章 中国创业学原理

"道生一,一生二,二生三,三生万物。"中国先贤很早就指出了事物发生、发展、变化的哲学意义。创业学也是这样,它遵循着一定的"道",从无到有,从小到大,经历了它自身的发生、发展过程。

创业学是世界性的新学科。在创业学的产生和发展过程中,中国与西方学者走过了不同的道路。无论是研究对象,还是内容界定、研究方法,都有很大的区别。这些区别的存在,归根结底是思想的来源不同。

中国创业学来自于中国经济发展的伟大进程中无数创业者的实践,以及学者的总结与升华;它的理论独创性、实践指导性、现实操作性,都使它能够成为行诸世界的先进思想。它是中国的,也是世界的。

本章从经济学学说史的角度,考察经济学中的投资理论的历史研究成果,介绍美国创业学的发展和中国创业思想的产生;通过历史和现实的总结与提升,介绍中国对创业规律的探索;以确立创业学的研究对象为核心,阐述创业学原理的知识体系。

第一节 中国创业思想的来源

在经济学的历史上，不同的分支研究了不同的对象。经济学的基础理论主要研究社会经济现象的联系；宏观经济学研究一个国家、一个政府如何去管理经济，一个市场如何发展；微观经济学的研究对象，则与企业、与个人的行为相关，而其与企业相关的部分，即企业怎么去经营和管理。这些学说都假定了一个前提：企业已经存在。但是企业从哪里来？对这个问题的研究少之又少。近年来，西方学者主要从管理学的角度，用管理学的思维研究企业的产生过程，把创业当作管理的一部分。

而事实上，创业过程与企业管理既有联系又有区别。它们之间的联系是，创业也需要管理，尤其需要结合企业实际，应用管理学的普遍原理；它们之间的区别则是，创业过程是一个从无到有、从小到大的过程，它处在一个企业产生、发展的特殊阶段，是普通的管理学还没有覆盖的过程。因此，创业本身的理论研究，一直以来还处于相当程度的空白当中。

一、经济学研究中的投资

以1776年英国学者亚当·斯密（Adam Smith）享誉全球的著作《国富论》出版为标志，一门独立成体系的学科——经济学就此诞生。在这200多年的时间里，经济学者就经济学原理、市场与交换、对外贸易、货币与金融、企业管理、经济伦理等领域作出了大量的论述，产生了众多不同的流派，还分化出货币金融学、管理学等不同的学科体系。大体上以约翰·凯恩斯（John Maynard Keynes）1936年出版的《就业、利息和货币通论》为分界，人们把这些理论高度概括地划分为宏观和微观两个部分。这种划分基本反映了经济学发展的大的历史进程与研究对象的差别。

1. 经济学研究的空白

以往的经济学在创业投资方面的研究是一片空白。创业投资这个开端性大问题的研究，竟然主要以无法复制的经验式的传播作为主要方式。一时间，类似"投资的十个要点""成功投资人选择项目的眼光""100个创业经典案例"等读物充斥市场——这说明，创业投资的理论化，是非常迫切的社会需求。

从研究范围看，微观经济学侧重研究个体——企业、家庭和个人的行为和交易，宏观经济学侧重研究整体经济现象。从研究对象看，微观经济学在对经济过程进行系统描述的同时，以经济实体为研究对象；宏观经济学则以货币等符号经济、国家政策等为研究对象。从分析问题的角度和着力点上看，微观经济学主要进行定性分析，回答经济现象的来源和本质及相互关系；宏观经济学则对经济活动和概念进行量化分析，建立和运用数学模型，提供经济政策参考。从研究方法看，微观经济学完全依据经济事实来阐述规律、说明联系；宏观经济学则引进主观因素，从人性和心理方面分析经济现象。从资源方面来看，微观经济学涉及的是资源配置，宏观经济学注重资源利用。

不论是宏观经济学还是微观经济学，在民间创业投资方面的研究即使不是完全空白，至少也是不成体系。宏观经济学以国家、市场这样的整体作为对象，微观经济学对经济的考察是以经济或企业的存在作为既定条件，即使是微观经济学的近邻管理学，也是以管理的对象——企业存在为前提，它们都没有涉及企业的创生过程。如果把整个经济比作人体，那么单个的企业就是经济的细胞，细胞是怎样产生的呢？它产生的条件、过程是什么？它的产生有没有内在规律？这样的"从哪里来"的大问题，经济学中还没有哪个学科或哪个分支、哪个流派重点研究过。

2. 微观经济学的投资研究

微观经济学研究资本的流通过程，把它当作经济中的关键要素，但是很少使用流通过程中的投资概念，更几乎没有创业概念。比如：资本本质是什么？是投入再生产中用以获得利润的那部分财富，是社会生产关系的具体体现。资本来源在哪里？来源于勤劳节俭，来源于社会众筹，甚至来源于暴力。资本与财富的关系怎样？扩大再生产，以要素形式加入到生产过程中，目标是增加财富。资本怎样构成？资本分为固定资本和流动资本，其价值转移是一次或多次的。资本是如何运动的？在过程中表现为不同阶段和形态，进而与资本周转速度与资本使用数量相关。

微观经济学在研究价值、分配、生产要素、再生产等经济范畴时也涉及资本，但也很少讲投资，从未谈创业。

3. 宏观经济学的投资研究

宏观经济学以国家、市场作为研究对象，不涉及单个经济体产生的问题，它站在国家角度研究投资，在经济行为的相互作用中，在国家政策的相互关系中研究投资。在这里，投资是作为一种要素流动的过程，而不是一个企业的具体需求，比如：

投资与GDP增长。GDP的增长与投资增加两个变量是相关的，高投资引起高增长。为了提高未来生产率，就要把更多现期资源投资于资本的生产，把GDP的相当部分用于投资。

投资与储蓄。资源是稀缺的，要把更多资源用于资本的生产，必须减少现期物品与劳务的消费，把更多的现期收入储蓄起来，通过银行等中介机构投放到经济体当中。政府则可以多方影响和鼓励储蓄，以此影响投资。

投资与金融体系。金融体系连接投资与储蓄，使一部分人的储蓄与另一部分人的融资需求相匹配。金融体系通过其中介机构（银行和基金）、金融市场（债券和股票），共同协调投资与储蓄。

投资与利率。利率是调整资金供求平衡的价格，即资本自身的成本。利率提高，可贷资本需求就受到抑制，同时可贷资本供应就会增加。利率体现了资金供给与资金需求之间的平衡。

投资与税收。税收优惠能激励企业投资，拉动资金需求，使资金供不应求,因而利率上升、储蓄增加。修改税法如降低所得税税率,则会鼓励更多储蓄,可贷资金增多,使利率下降。

投资与财政政策。经济萎缩是因为有效需求不足,刺激或扩大需求的办法之一是政府投资,通过发行国债转化为投资,以刺激需求,进而刺激生产性的投资。

投资与通货膨胀和通货紧缩。通货膨胀是向货币持有者征税,侵蚀货币价值,促使货币持有者消费或投资,以避免损失。通货紧缩使货币持有者赚钱,使市场可贷资本减少,资本的成本增加,人们的投资会更加谨慎,企业的融资会更加困难。

4. 基本结论

上述对经济学在投资问题上点到为止的检索说明:微观经济学,或19世纪30年代以前的经济学,仅仅是从对资本性质的研究上涉及投资;宏观经济学以国家为对象,分析投资与其他经济行为和经济政策的相互影响,没有涉及个体投资问题,更没有提及创业。

比方说,投资是一个鸡蛋,面对它,微观经济学家告诉我们它是什么,宏观经济学家介绍它与牛奶、大米的关系,而创业投资理论应该讲清楚它是怎样变成小鸡的。

二、美国创业思想的发展

美国是世界经济的中心。美国也是世界上最活跃的经济体。经济活跃最重要的表现,就是企业经营的活跃。而企业从哪里来?每一个企业都要经历创业的过程。因而,美国学者较早地萌发了创业学的学科意识。

迈尔斯·梅斯(Myles L. Mace)教授于1947年在哈佛商学院开设的《小企业管理》课程,被美国学界普遍认为是开创业教育先河之举。经过30余年的发展,百森商学院的杰弗里·蒂蒙斯(Jeffry Timmons)教授的《创业学》成为美国创业思想的集大成之作,影响和推动了美国乃至全球的创业教育。百森商学院是创业学领域的领导者,在创业管理方面的专长为世界公认。

1. 三个需要明确的问题

对于创业学的教育而言，以杰弗里·蒂蒙斯为代表的美国创业思想在很大范围内取得了成功。1985年，他设计并发起了普莱兹—百森项目，旨在通过组织成功创业者和富有经验的教师一起教学来提高教学和科研水平。目前，已经有来自美国等34个国家的约340所大学、学院，超过1000多名创业学教育者与企业家参加了这个项目，成为普莱兹—百森项目的毕业生。蒂蒙斯教授在项目开发与教学方面发挥了卓越的领导能力，他本人也被称为"创业教育之父"；他1974年出版的著名教科书——《创业学》，被《成功》杂志和《华尔街日报》列为经典的创业学教材。

应该说，作为一个创业教育者，杰弗里·蒂蒙斯取得了很大的成功。他把创业教育提升到了一个新的高度，为创业学的学科化奠定了坚实的基础。他在创业理论的创立方面固然起到了重要的作用，但是，作为一个理论研究者，他主要以感性的案例——这当然很重要——去"教会"他人如何创业，而这显然是不够的，而且存在三个突出的问题。

一是从未提出和确定创业学独立的研究对象。没有对象也就没有学科边界，没有边界就无以规范学科内容，只能整合已经存在的多种学科，并且得出了"创业没有自己的规律"的结论。如果创业没有自己的规律，那么创业学就只能是经验的口传心授，把它当作一门学科就非常勉强，它也就不可避免地成为其他学科的附庸。

二是始终未能区别创造企业与管理企业的不同。从学科产生到发展都是以管理学为基础，用管理学的思维理解创业，从管理学的角度阐释创业，把创业作为管理学的一个种类或途径。这实际上是一条歧途：学习者无法理解的是，如果我是一个刚刚毕业的大学生，我没有一个自己的企业，那么我怎样去创造一个企业？这个过程是无法超越的，而盲目创造一个企业，不论管理多么精尖，也难以避免失败的命运。

三是把融资当作创业行为首要和主要的事情。认为与创业相关的内容是以融资为核心，因此融资构成了创业学的大部分内容，由此便得出了

"创业就是融资""创业主体是职业金融机构"的结论。中国有一句成语叫"南辕北辙",如果出发时就是一个错误的方向,那么融资只会使创业变成灾难。

美国创业学出现这三个明显问题并不是偶然的。原因在于,美国的市场经济活跃,它能够经受得起众多创业者不断去试错;而美国创业学——实际上应该称为投资学、企业发展学、成功学——其核心精神是,从众多的创业者中挑选出可以成功的人,并帮助他们成功。因此,美国创业学更像是一个大型风险投资机构的项目审核人,它所关注的并不是真正意义上的创业过程,而是成功过程。

2. 管理学替代创业学

美国创业学的思想来源是管理学。1929—1933年的经济危机使美国人意识到,如果此前是经济学家的天下,那么此后应该是管理学家的天下,因为经济学"无法解释"这样深重危机的根源,而管理学有可能避免这样的危机。20世纪40年代以来,管理学领域的辉煌,包括如博弈论等理论的创生等,都建立在这样一个认知基础上,而它也确实为美国的经济发展发挥了重要的作用。

这也就使得美国创业学存在这样一种根深蒂固的观念,即创业怎么创是次要的,创业之后怎么管、怎么发展、怎么成功才是关键。这与缺少创业的真实体验有关,未能意识到"创造企业"和"管理企业"是企业发生与发展的两个不同阶段,是有着各自特殊规律的不同研究领域。先有一个企业,先去创办一个企业,然后才有怎么管理这个企业,这是创业的根本逻辑。"业"还没创,如何管?这实际上是以众多创业者的失败,作为少数创业者成功的巨大成本。

把管理学作为思想来源,而未能把"创造企业的真实过程"作为独立的研究对象,决定了美国创业学把"多种学科的整合"作为自始至终、反复强调的研究方法。这种从学科到学科的研究方法,形成了以多个学科板块或"模块"组合的《创业学》基本内容。

3. 创业以融资为中心

美国学者的"融资中心论"的思维逻辑是这样的：

面对创业这个问题，美国学者们习惯性地沿用经济学的"生产要素"的思维，首先想到的是创业需要什么要素或资源。在列举了若干要素后，发现这些要素都是钱可以买来的，便把创业的核心问题归结为资金，得出了"创业就是融资，融资就是创业""只要融到资金，企业就高速发展"的结论。

那么，到哪里去融资呢？自然是专业金融机构——风投、天使投资和基金。如何得到他们的资金呢？需要写计划书吸引投资人：表述商机如何、团队如何等。融资方不能是自然人，那么就要了解如何注册或创办新企业。

如下图所示：

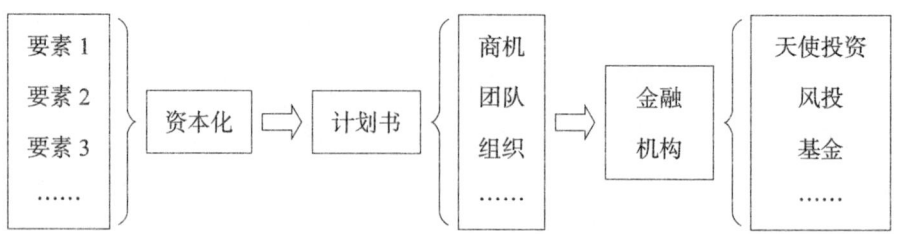

"融资中心论"形成了六部分内容：要素（资源）、资金（融资）、计划书、商机、团队、组织（新企业创办）。这六部分内容与"企业管理"一起成为美国创业学的主要内容构成，产生了影响中国创业教育的基本内容。

"融资中心论"的影响是非常深远的，它甚至形成了20世纪90年代以后互联网1.0时代的经济业态。在那时，广泛流传的一则笑话说，拿着一个计划书，拉上几个教授，去硅谷随便找一棵树摇一摇，然后上面掉下一个风险投资人来给你投资，然后你就开始烧钱，钱烧没了就再去硅谷，换一棵树再摇一摇……应该说，这样的经济业态是不健康的。

在本书后几章中，我们将会看到，一个企业的灵魂是无法金融化的，一个市场、一个社会、一个国家的经济，也并不是通过金融化就能得到质的提升的；相反，它还是 2007 年以来席卷全球市场的金融危机的根源。"天行健，君子以自强不息。"作为一个创业者，尤其是作为一个大学生创业者，应该具备这样一种意识：钱买不到的，才是你最珍贵的。

三、中国创业思想的产生

在中华民族伟大复兴的进程中，在经济社会大发展的创业实践中，产生了科学、完整与实用的创业学思想。

中国创业思想的产生大体经历了三个阶段。

1. 萌芽阶段

改革开放，尤其是 1992 年邓小平同志的南方讲话，使得中国摒弃了效率低下、活力丧失的计划经济模式，选择了市场经济的发展道路。这一伟大的历史进程，为企业重新焕发活力创造了制度条件。制度开放和人性解放的结合，激发了中国人的致富热情，民众创业活动风起云涌，成为中国大地上最突出的社会现象和中国人民最普遍的经济生活。

20 世纪的最后十年，在明确了建立市场经济制度的经济体制改革目标、确立了民营经济合法地位的社会背景下，随着民众创业实践的深入和成功创业者的不断涌现，中国创业思想开始萌芽，并在社会上得到广泛传播。

这些创业思想主要包括：

一是创业成功人士的经验。创业的成功并非偶然，较早投身创业者往往有着更深的体验，他们投身创业的心路历程，得到很多后来创业者的共鸣。创业初始的矛盾与纠结，以及面临的各种困难；创业历程中，面对市场失序的无奈与挣扎，甚至来自政策、法规等方面的阻力；还有面对创业一路挫折的坚持与探索等，这些经验是中国创业思想的宝贵财富。

二是创业精英人物的理性感悟。他们把自己的感悟提炼为经验，把经验概括为理念，其中既包括着冲破旧体制、旧观念的勇气，也包含了适应市场经济与效益原则的创造性做法等，这为中国创业思想上升为理论奠定了基础。

三是创业明星的思想火花。创业明星对创业的体验与灵感，有达到哲学层次的经典感言，有对创业者的指导、启发和警示，这使得中国创业思想从一开始就是接地气的，就是有着深厚的实践基础的。

四是与成功学联系的案例。与世纪之交风行的成功学相联系，大量的创业故事把成功与创业联系在一起，激励青年一代走创业之路，这些成功或许并不能复制，但其中包含的规律性、必然性的内容，为中国创业思想提供了充分的参考。

这些思想火花，虽然只是个体经验性的、案例性的、散点性的，但也具有接近创业规律的思想价值。它在鼓励更多的人走上创业道路的同时，也证明着基于创业实践的创业思想开始萌芽。

2. 引进阶段

解释中国的市场经济离不开中国特殊的环境，创立指导中国创业实践的理论体系，也不可能忽视中国的现实。而最大的现实，无疑是从零开始、从无到有的迫切需求。进入21世纪以来，伴随改革的深入和政府对创业的重视、支持和引导，以青年人特别是大学生为主体的创业活动日趋广泛和深入，对创业思想、理论的需求更是非常迫切。

与市场经济制度确定同时产生的，还有现代企业制度的引进。改革开放以来中国开始研究国外的创业学说，逐步引进了国外的创业教育项目。首先引进了杰弗里·蒂蒙斯的《创业学》和"SYB""KAB"两个相似的教育项目，中国学者尤其受到其"多种学科整合"的内容和"整合多种学科"的研究方法的影响，在三个方面选择、编辑和拓展研究的内容。

一是管理学的内容。研究者根据自己对创业的理解，把管理学中看上去与创业有关，或许在感觉上更接近创业实际的内容重新选择和编排，冠以创业的名义，称为"创业管理"。这实际上仍然和美国创业学的缺陷一样，忽略了管理是以企业的存在为前提这个问题。这当然也就使中国创业学的引进之路充满了谬误。例如，在某大学举办的"创业研究与教育国际研讨会"上，大会发言的题目是：企业管理研究透析、中国企业发展指数、企业的创新战略、公司绩效的影响因素、高科技公司的价值链经营等。这些话题并不是给创业者听的，而是给企业管理者听的。可以想见，这样的研讨会并不能为创业者提供更多有效的参考。

管理学、成功学等一度占领了创业学理论应有的位置。很长时间以来，中国创业理论陷入了引进、学习的误区，而忽视了总结本地经验上升为理论体系的重要性。

二是创业相关问题的研究。把可能与创业有联系的东西作为研究对象与内容，包括创业与经济增长、就业、创新、职业生涯的关系，冒险创业与理性创业、社会创业与个人创业的差别，主动创业与被动创业有什么差异，创业者年龄、性别和受教育程度对创业的影响，创业有多少种类型——如生存型与发展型等。还有的学者把马斯洛的需求层次论、成人记忆法、自主意识的识别作为创业的基础理论来研究。

应该说，这些理论研究并不是毫无意义，但是这些内容仅仅是"与创业有联系"，而不是创业本身需要的理论。结果是，很多创业者在学习了这些内容之后，仍然不知道应该怎样创业。

三是创业的概念与定义的研究。创业的定义包括创业特征、创业类型、创业起点、创业规模、创业内涵、创业外延、个人与企业的关系等，创业者定义则包括创业者动机、创业者潜力、创业者素质、创业者特征等，创业概念的延伸包括企业定义、企业含义、企业种类、人在企业中的作用、六种语言解释创业的差异等，还有各种思辨性研究：创业是思维方式还是行为方式，创业是三要素还是四要素等。某大学的专家写了一本创业的书，三篇中第一篇的标题是：创业概念的历史沿革。

这就陷入了唯名论的窠臼。创业者真正想要知道的，并不是对这些名词、概念的各种争论，以及不同学者的不同定义，而是关于创业的一般性理论，以及切实的实践指导。没有实践性、指导性、操作性的理论，只能算是一门艺术，算得上什么理论？

3. 独创阶段

中国民众的创业实践孕育了创业学。全民创业的热潮最终要转变成为新企业的持续诞生，这就迫切地需要科学、完整与实用的创业学思想体系的建立。中国人民空前广泛、深入和持续的创业实践，在推动中国经济持续增长的同时，为中国创业学的研究提供了得天独厚的宝贵资源，使得中国创业学从一开始就深深植根于创业实践的土壤并且服务于创业实践。2004年，以探索创业规律为主旨的原创著作《民富论》出版，被各界认为具有独创的思想价值。我作为这个学说的创立者，同时也是创业的亲历者，使得这部创业学著作从一开始就具有指导创业实践的特质。

《民富论》的产生经历了一个漫长的孕育过程。1989年，我怀着对经济学的实用价值和理论研究成果的社会功效的怀疑，怀着体验市场经济和物质资料生产活动的强烈愿望，放弃了高校教师的职务投身商海，开始了自己的创业历程。12年中历经了屡败屡战的艰苦磨砺，成功创建了三个实体企业。创业是一路问题，一路困难，一路矛盾——因此要一路抉择。在为抉择而进行的艰苦思考中，获得了创建企业的零星感悟，这些感悟经过多年累积而爆发：一个企业怎样从无到有？一个项目怎样才能做起来？其中的必然性，就隐藏在这些"感悟"中。

当我意识到"悟"到的这些东西是学科空白，对创业者有用的时候，毅然放弃了企业的经营扎进黄山三年，在完全封闭的状态下，在彻底的心灵空静中，探索创业规律，写出了《民富论》。为了用规律解释实践问题，第二次闭关烟台海滨，三年完成了六个实践问题的研究。十年过去，出版了12部原创著作，发表了100余篇学术论文，形成了基础理论、实践专题、学科勘误和教材四个系列，构建了中国创业学的体系。

回顾学科的产生，"悟"是研究方法的核心。所谓"悟"，是在丰富的创业实践中，特别是在艰苦的抉择和失败的痛苦刺激中产生了直觉，以这些直觉为基础进行思维抽象化而上升为理论，再把理论运用到自己的继续实践和指导别人的实践中进行检验。于是，被创业多样性掩盖的内在真实与本质规律被挖掘出来。这是没有任何现有的思想束缚，从一张白纸开始的独立思考过程。概括起来是"实践—感悟—实践"的方法。十九大报告再次强调了坚持就业优先战略，"鼓励创业带动就业。促进高校毕业生等青年群体、农民工多渠道就业创业"。这样的理论与创业者和企业家的心灵强烈呼应，实现了知识的生产与需求之间的无缝对接，实现了理论创新的实用价值。

第二节 创业原理的形成

"道法自然。"原理、规律从实践中来,学科则是对特定领域客观规律的探索。构建创业学的学科体系,首先就要明确这个特定领域的研究对象。有了明确的研究对象,学科才具有独立的价值和成立的基础,才能界定研究范围、规范学科内容,与其他学科区分开来。本书提出了明确规范的原理体系:以阐释规律作为理论基础;用规律解释实际问题得出唯一科学的结论性观点,多个结论性观点构成基本内容,为解决实践问题提供理论观点的支撑。

一、研究对象的确立

创业规律来自于真实的创业实践过程。因此,创业学的研究对象,也就是创造企业的真实过程。

1. 创业的定义

创业是创造一个企业的过程。

(1) 创业的内涵与形式

创业的内涵是为市场提供产品和服务,创业的形式就是创办一个企业。因此,创业就是创造一个企业的过程。不论企业的形式、业态、规模如何,只要是开始从事自主经营、自负盈亏,以销售收入补偿耗费并取得盈利的过程,都是创业。我们采用这样一个回归本真的定义,体现了实践性的途径与思路,同时也把创业限定在创办企业这个范围之内。

（2）创造企业是一个过程

创造企业是个过程，是过程就一定有它的起点和终点。创业的起点是确定一个目标的行动，也就是选择一个具体项目。所以，项目的选择、确定，就是创业过程的起点。创业的终点，也就是新企业的诞生。企业正常的经营活动和它持续发展的过程，就是管理学的研究领域了。同时我们必须强调，把企业"正常的经营活动"作为创业的终点，是指企业必须能够实现生存，而不是拿到一个执照就算创业完成了。

（3）新企业诞生的标志

一个新的企业，并不是各种要素的简单集成，而是一个能够运转、能够发挥功能的系统。企业的表现形式是运转，实现条件也是运转。运转就是把创业，把一个新成立的企业，推进到能够用销售收入补偿耗费的阶段。它标志着启动项目的资本投入完成，企业的生存条件不再是资金的投入，而是自身的市场循环。

所以，创业研究的对象，就是创造企业的真实过程，这个过程以项目选择为起点，以运转实现为终点。

2. 创业学的范畴

创业的定义，也为认识创业学的一些重要范畴提供了科学依据。

（1）创业教育的内容

创业学要教的内容，也就是学生要学的内容、创业实践中要做的内容。创业的内涵是为市场提供产品和服务，首先是什么产品和服务，然后是如何在市场上得到实现。在这个过程中有诸多问题需要解决，这就需要正确的观念，即企业生成的内在规律。那么，创业学的教、学、做，也就是阐释创业规律，解决实践问题。

首先是揭示规律。创业规律作为独立学科的基础理论，包括了以下内容：创业基本问题、基本过程、基本矛盾的证明——新企业发育脉络的描述；创业成败根本原因的结论；通往成功的可复制模式。回答这些问题是对创业学本质的揭示，是创业学学科的使命，是创业学解决实践问题的基础理论。

其次是指导实践。创业者面对的是充满诱惑又颇具风险的创业旅程。规律的作用是在创业的过程中为创业者提供一般性的实践指导。没有对创业学规律的揭示，也就无法回答创业实践中出现的问题，无法指导创业实践。

（2）创业教育的目标

一个企业、一个项目，在市场上立足的基础就是存活。因此，创业教育的目标，就是让一个企业、一个项目在市场上"活"下来。"活"是通过一个激发、三个转化实现的。激发，是激励与引发创业的想法或热情；实现三个转化，就是想法向项目转化，项目向运作转化，运作向成功转化。

想法向项目转化。这个转化是让创业者懂得：创业是有规律可遵循的，风险是能够避免的，创业成功的模式是存在的。这样，创业者才能够增强信心，积极寻找并选择适合自己的创业项目，完成"想法"向"项目"的转化。

项目向运作转化。创业者创造、寻找、选择和测试一个适合自己的、能够依靠现有资源和少许资金启动的项目，找到和确证项目的优势这个过程，也是创业者对创业项目的内涵深化理解和把握的过程。有了深化的理解和把握，才能完成项目向运作的转化。

运作向成功转化。这是创业的关键环节，也是创业教育的核心。这个阶段，创业者按照创业学的规律循序渐进，运用创业学规律认识、处理和解决在创业过程中出现的各种问题。创业者从最小规模起步，探索推进方式，首先完成对项目要素的平衡与掌控，然后创造出实现运转的条件，最后让项目站住脚，实现项目的成功。

（3）项目的魂与根

一个企业、一个项目能够在市场上存活，能够持续地运转，并不是外部输血能够实现的，而是需要企业、项目内在的支撑。支撑项目存活、持续运转的力量，就是它的魂与根。

项目的魂，就是项目各种要素的组织方式。每一个成功的项目，都必然包含了众多不同要素的共同支撑，而这些要素如何配置在一起，以什么样的方式配置在一起，就是此项目区别于彼项目的关键所在。我们看到，市场上各种各样的企业、项目，它们需要的要素实际上大同小异，而它们的创业、运转水平却是天壤之别，这就是项目的魂，它决定了项目的发展、格局，决定了项目的生存、成败。

项目的根，就是项目各种要素中起到最关键作用的要素。没有这个最关键的要素，一个项目就不能从众多的可选项目中脱颖而出，更无法在竞争激烈的市场上立足。项目的根，就是一个项目能够成为项目的根本，是它最为关键的要素，是无法用其他方式获得的要素。没有一个项目是把资金当作根的，否则这样的项目就会由银行而不是由创业者来完成。仍然是那句话：钱买不到的，才是最珍贵的。

二、知识体系的构建

创业学学科的知识体系，是由一个个观点构成的，而这些观点，就来自于创业学规律对创业实践中出现的各种问题的解释。考虑到实用性，这里，我们仅以用规律认识资金、起步、先后等问题而产生的观点为例，说明构成创业学原理的知识体系是如何形成的。

1. 利用规律认识资金问题相关观点

（1）资金不是创业的决定因素

创业者往往觉得最为重要的就是资金。也因此，创业者往往把资金当作最重大的问题、最重要的条件，创业也就变成了寻求资金的过程，而忽视了项目本身的魂与根。资金当然是重要的资源，但是离开了项目本身的内在逻辑，离开了项目立足于市场的根本，有多少资金也不能支撑项目的成功。就如我们所看到的那样，在互联网泡沫破裂之前，无数的互联网公司获得了风投的支持，而最终这些互联网公司，能够存活到现在的寥寥无几。相反，那些并没有获得多大资金支持的小公司艰难起步，其中也有一些顽强地存活了下来，并且成长为今天的大公司甚至巨型公司。这说明，资金绝不是创业过程中的关键要素，绝不是决定项目成败的根本原因。

（2）资金与项目的本质关系

创业是想法、项目、运作、成功的过程，而不是用资金去组合物质要素。外部资金，是金融机构向优秀项目或企业投入权益资本的行为。职业金融机构所面对的，永远是它认为优秀的项目或企业，或者已经证明能够运行、甚至即将成功的项目或企业，通常不是尚未起步运作的创业项目。

因此，项目与资金是有条件的相互需要的关系。对于一个项目来说，在创业前期，项目具有内在逻辑的论证，启动资金成为最后一个条件；在创业后期，运转的实现需要发展资金。而在项目的发生与选择、核心资源的培育过程中，并不需要很多的资金支持。

（3）解决创业资金的现实途径

项目与资金的关系也就确定了解决创业资金的途径。

首先是依靠自有资源。在项目的发生与选择过程中，在项目核心资源的培育过程中，往往不需要大规模资金的支持，甚至不需要任何资金支持。在这个时候，创业者需要把主要的精力放在项目内在逻辑的论证、项目的魂与根的塑造上，尽可能地依靠自有资源、自有资金，以最小的投入实现项目的准备工作，而不是在这个阶段耗费大量的精力去寻求资金，把创业转变成为寻求资金的过程。

其次是创造项目优势。创造项目优势，把项目的内在逻辑、它的魂与根表达出来，这是寻求资金的前提条件。这就需要把项目做到一定程度，至少具备经过测试的优势证明。项目优势是项目构成要素中，最具有市场价值的一两个要素的转化或实现。技术先进则要完成从技术到产品的转化，市场需求则要有直接用户的证明，模式可行则要有运作的效果或证明效果的实验。因此，创业者此时要把主要的精力放在创造项目优势上，有了切实可证的项目优势，才能顺利地获得外部资金的支持。

把资金作为创业的核心问题，把融资作为创业的起点和目的，这是非常错误的。不懂得创业和资金的本质，不知道项目与资金是有条件的相互需要的关系，才会得出创业主体是职业金融机构的结论。这也就否定了创业作为独立学科存在的前提，否定了创业者的主体地位和主导作用。这样的认识，无视古今中外的创业者白手起家的普遍事实，也违背了创业只能从小做起、依靠自有资源起步的创业之路，使得许多创业项目永远停滞在资金面前不能启动。

2. 利用规律认识起步问题相关观点

（1）核心人物是决定因素

在项目魂与根的关系中，魂是主要方面，起主导作用。魂是由核心人物做载体的，项目的各种要素如何配置，是核心人物的意志决定的。因此核心人物魂的有无，以及其对资本要素作用的程度，就是项目成败的决定性因素。由此我们可以得出结论：团队是核心人物功能的延伸。没有核心人物及其魂的引导，有多少人也没用。

优质团队则是项目根的实现。项目的关键性要素，如技术、专利、业态等，都是通过团队体现的，附着在团队之上。没有优质的团队，项目的根就无法实现，关键性要素就无法发挥作用。没有核心人物的魂团队是一盘散沙，没有根的团队则是乌合之众。

（2）先务实而不要先务虚

创业起步的首要事情是抓住项目的根，解决好产品和服务本身的问题，为做这件事才需要注册公司。前者是"实"，后者是"虚"；前者是内容，后者是形式。这就决定了，在创业之始，要把精力的分分秒秒、资金的分分角角，用到产品和服务这个生死存亡的问题上。有业可营，才需要营业执照。而在创业开始后的相当一个时期是无业可营的，不需要也不必要办执照。

（3）创业必须要从小做起

"小"是新企业的常态。不积跬步，无以至千里。创业是事物的初始，初始的东西总是小的。这不仅是因为小的事物中蕴含着生存、发展、强大的基础和成长的无限空间；更重要的是，正是由于小，才易于筹谋、易于看透、易于把握，才能在探索的实践中成竹在胸。如果起点规模大，会把创业者应该在实践中逐渐增长的能力，过早地推到了极限而发生混乱与失控。

从小做起，对于创业是极端必要的。一是对项目内涵的理解，是在项目由小到大的成长过程中不断加深的。二是开拓市场的能力，是在小规模进而少量产品的销售中锻炼出来的。三是管理的能力，是在企业发展的过程之中逐渐形成的。

在创业中一开始就追求高起点，能够运转起来的很少。只有那些从小做起，在生存的压力下备尝艰辛，在残酷的竞争中摸爬滚打，在经受挫折中逐渐成熟的企业，才得以生存并慢慢地发展起来。

（4）讲清项目问题

创业首先要研究项目，正确回答与项目有关的问题，充分理解项目的发生与选择是一个实践过程。创业者可能并不是一开始就把项目所有的问题都想清楚了，因而在创业过程中，会不断发生项目的演进与变更。这就需要创业者越来越清晰地把握好项目的魂与根，不断地锻造项目的魂、培育项目的根。创业的成功过程，也就是创业者对项目根本问题的把握越来越清晰、越来越符合市场逻辑的过程。

创业者不要把写计划书当作选择项目，也不要把创业起步理解为建团队、办执照。创业之始乃至相当一个时期，要千方百计打造项目优势，这是关键与根本。如果刚迈进创业门槛就先摆阵势、铺摊子，就会在"务虚不务实"中把有限的资源消耗了，把失败预先设定了。

3. 利用规律认识创业的"先后"

对于创业的"先后"，我们总结如下：

先资格，后资本；

先打工，后老板；

先探索，后真干；

先育根，后长叶；

先配角，后主角；

先不败，后求胜；

先务实，后务虚；

先困难，后容易；

先市场，后工厂；

先样品，后批量；

先实验，后规模；

先做小，后做大；

先做专，后做宽；

先做近，后做远；

先集中，后分散；

先运转，后盈利；

先生存，后发展；

先利他，后利己。

这十八个"先后"的要义是：从小做起"动"起来，找到根子"干"起来，创造条件"活"下来，稳定模式"转"起来。

三、指导实践的作用

所有的理论，最终都要落实到实践上。创业学的理论、观点和方法，也必然要向实践转化，用理论来指导创业的实践，用观点来解决创业实践的问题，用方法来规范、约束和实现创业的实践。

这里，以"项目运作"为例介绍几种方法。

1. 模拟的办法

"合抱之木，生于毫末；九层之台，起于累土；千里之行，始于足下。"中国古文化一直在强调，任何成功，包括创业的过程，都始自于最小规模萌芽的成长。模拟就是小规模试探性运作，是以产品功能实现为核心，完成对要素联合的把握。

物质性产品的模拟方法。例如：把产品的小批量生产交给别人，自己提供标准进行检验；以租赁方式，用别人的厂房设备自己干；与有生产能力的企业合作，他管生产你做销售。总之，用别人的生产条件生产自己的产品，然后直接面对消费者来检验，如功能与缺陷、市场容量、目标群体等。当这些问题都解决的时候，再实施自己的产业投入。

非物质性产品的模拟方法。对别人的通路、平台和牌子，采用借用、租赁与合作的办法，达到不花钱或少花钱，就能够让目标客户知道、购买和评价你的产品的目的。

虚拟销售的模拟方法。把通用的创业顺序颠倒过来，用"虚拟销售"的办法，从销售开始逆向推进。找到一个与你的市场目标贴近，在功能上可以替代的商品来销售，先解决市场问题。有了对产品的理解和销售经验再开始自己的生产。

2. 运转的办法

运转是以销售为核心，创造收入补偿耗费以实现运转为条件，最终达到企业成活的目的过程。

运转的策略是小、专、点。规模要小，由生产能力的设计所决定的整体规模要小；功能要专，把资源优势聚焦到一个功能上来；只做一个点，为实现最低成本的销售，把销售集中在一个城市，为"两个重点"创造条件。

重点之一：减。一是减轻补偿的负荷，充分利用社会分工的条件，减少或规避固定资本的投入；在投入数量和时间上以实现运转为限度。二是减少运营费用。以运转为尺度制定费用标准；设计项目实施的阶段，规定阶段的费用额度。三是抓住费用的最大头，千方百计控制它。

重点之二：增。增加销售收入分为三个步骤。第一步：以销售为中心的组织建设。要解决产品卖给谁和怎么卖，先要解决谁来卖的问题，即以销售为目标的人员配置、责权利安排和薪酬设计等。第二步：以销售为目标的营销基础的建设。具体到产品介绍、概念、包装、价格、客户资料等。第三步：销售模式的设计与探索。设计几个套路一个一个地去试，在试的过程中修正和稳定销售模式，建立业务流程。

第三节　探索创业的三大规律

创业学建立的基础，就是认为创业与任何事物一样是有规律的。创业规律是一个实实在在、真真切切的，独立的，特殊的存在。"万物负阴而抱阳。"阳，就是创业过程中的种种现象；阴，就是隐藏在创业现象中的内在规律。用辩证法的眼光看，创业学规律是多样性中的同一性，是变化无序中的稳定与秩序，是纷繁杂乱中的简洁与清晰。

揭示创业规律的存在，是创业学作为独立学科成立的价值标志，是构建创业学的原理基础，是解决实践问题的科学根据。本书在对创业规律的探索、总结、提炼、升华过程中，证明了创业基本问题、基本过程和基本矛盾三大规律。

一、创业基本问题

创业由创业者和创业项目两大基本要素构成。创业者的本质是"魂"，创业项目的本质是"根"，创业是人与事、人与物、管理与资源等方面的结合。"魂"与"根"是对创业起主导作用的问题，是贯穿创业全过程的最稳定和最一贯的问题，是决定其他一切的先导问题，因而也就是创业基本问题。

1. 资本之魂

"魂"是一种资本形态。它是区别于其他的如资金、技术、固定资产等有形、无形资本之外的，独立的资本形态。魂以创业者为载体，对财富的创造和增加起决定作用。资本的价值在于增值，目标也在于增值，"魂"

是使资本实现增值的最关键性内因，它也因此成为最具资本性质的真正资本。相对灵魂资本而言，其他的各类资本都是资本要素。

（1）灵魂资本的发现

老子讲"反者道之动"。"道"即规律。他认为规律运动的方式是朝着相反方向的。这就启示我们，创业的失败应该被看作是违背规律的结果。那么，从结果开始向创业的过程推进，追问每一个失败的原因和原因背后的原因，层层剥皮直到源头，就能一步一步发现创业的规律所在。创业学正是通过探索、总结创业实践中正反两个方面的经验教训，发现了其内在规律。

在这里，我们提出一个普遍性的问题：创业失败的根本原因究竟是什么？

先从创业的过程看，创业是成功与失败相互融合、相互包含的过程。每一个企业从创办到最后失败，都会经历很多阶段。企业能够经历这些阶段，从一个阶段发展到另一个阶段，这说明企业在前一个阶段的发展，有着深刻的成功因素；而企业最终却失败了，这也就说明，在这些成功当中还隐藏着致命的失败的因素。因此，我们不能简单把企业、项目的成功，归因于某一个简单的因素，也同样不能这样看待企业、项目的失败。也就是说，企业、项目的成与败，都不具有永恒性、独立性，也就不具有自主性、真实性。这就说明，创业过程中各个阶段表现出来的成功失败，都是更深层次的内在原因决定的。

再从创业要素看，营销成功或失败的背后是产品的质量和功能，是市场定位和市场销售；团队成功或失败的背后，是组织和管理，是决策和控制。而在质量和功能、定位和销售的背后，还包括着成本、价格等要素；在组织和管理、决策和控制的背后，还包括了创业者自身的理念、能力等因素。可见，企业是一个系统，在一个系统中不能说某一个因素是决定性的，因为任何一个因素的问题都可能导致失败；同时，如果说所有的因素都是决定性的，那就相当于什么也没说。

从创业的过程看，创业的成败不是成败的原因本身；从创业要素看，成败不是任何一个要素可以决定的。所以，我们要把眼光放在创业的过程和要素之外。我们注意到，创业过程、创业要素，始终都被人控制着。人对于项目的理解、对于要素的配置、对于过程的控制，决定了项目的成败。人的灵性是物的主宰，这就是创业要投入的真正的资本——灵魂资本。

（2）灵魂资本的含义

形而上者谓之道，形而下者谓之器。灵魂资本属于形而上的"道"的部分，而不是有形、无形的"器"的要素。灵魂资本有三层含义。

首先，它是一个独立的存在。我们能够看见的资本，包括了有形资本如机器、厂房、土地等，包括了无形资本如技术、专利、关系等。而灵魂资本是区别于我们已知的这些资本形态之外的资本，是一种独立存在的资本形态。

其次，它是一个特殊的存在。与其他有形、无形的资本不同，灵魂资本是一个特殊的存在。它并不是可能技术量化的，也不是可以实体固化的，而是存在于创业者意志之中的，区别于他人也区别于其他要素的资本。就发挥作用的方式而言，它是超越资本要素之上，渗透于资本要素之内，统领资本要素并主导财富增加过程的资本。

最后，它是真正的资本。当我们把某些东西称作资本的时候，潜在的标准是这些东西具有增值的属性。但是，这些要素自身并不会主动增值，现金不会自动变成技术和产品，厂房和机器也不会自主生产出它们能够理解的产品，这些都只有在灵魂资本的统率之下，才能实现资本的增值。离开灵魂资本，机器就是机器，技术就是技术，信息就是信息。所以，对于财富的创造与增加而言，灵魂资本是资本要素的灵魂，是具有"资本"性质的真正资本。

（3）灵魂资本的定义

有了前面的讨论和认知，灵魂资本的定义已经呼之欲出。所谓灵魂资本，就是对创业特殊规律的理解和运用。它具体表现为创造与整合资源、驾驭资本要素的能力，落实到对具体项目的理解、通透和把握。

我们在数学中学习过函数（Function）。函数包括自变量和因变量。我们说确定一个函数，关键在于确定它的解析式，即自变量和因变量的对应关系,然后才是它的定义域和值域。我们可以把不同的自变量看作不同的要素资本,把因变量看作项目的运行。真正决定项目运行结果的,不在于自变量的数字有多大,而在于从自变量到因变量,也就是从要素到项目运行的对应关系。

为了区分以往的资本概念,我们给灵魂资本取名"F",即"F资本"。如果把企业、项目的运行结果用S表示,以A、B表示有形、无形两大类资本要素,那么我们就可以用下面的公式来表示灵魂资本与运行结果的关系:

S=F(A,B)

其中,A、B还可以进一步细化成为A1、A2、A3……B1、B2、B3,分别代表不同的要素资本。

(4)F与资本要素的关系

这样,我们就可以看出,F对于A、B包括的诸多要素的统率关系;我们还可以看出,企业、项目的成败,它的运行结果,就在于F资本,在于F资本怎样去组织各类要素资本。

《易经》告诉我们,阴和阳是构成一切事物的最基本元素,世界万物都是阴阳相合的结果。如果我们把可见的各种要素资本看作阳,没有了F资本这个阴,项目也就不能获得成功。F资本就是人与物、人与事、人与要素结合的中介,创业者通过F资本,对项目所包含的各种要素发挥作用,在阴、阳的相合中产生新的功能和价值。

(5)F证明了创业的本质

如果我们把有形资本A看作各种兵器,如刀、枪、剑、戟,把无形资本B看作各种招式、套路,显然,A和B都不是真正意义上的功夫。必须有一个人,能够把A、B结合在一起,不断把自身的探索和努力熔铸其中,才能形成真正的功夫。这个人具有的勇敢、坚强、正直、善良等优秀的素质,则是比功夫更加高层次的价值追求。而这些统率A、B的灵魂,对功夫、对人生价值的追求,及其追求的能力和觉悟,也就是我们所说的"F资本"。

本质是由事物中最基本方面的矛盾关系所规定的。创业这个事物的最基本方面是创业者和项目。在这两个基本方面的关系中，创业者起主导作用。创业者的主导作用，就体现为 F 的作用。F 的基础是人在生命长河中的积累而形成的素质，F 的来源是创业的实践。因此，"创业者能力的自我再造的过程"，就是创业的本质。

形成 F 资本的过程，并非一蹴而就，而是需要经过长期的磨炼、成长。创业者理解了新企业发生的真谛，通透了项目运作的环节，把握了走向成活的步骤，也就成长为创造新的盈利模式的企业家。

2. 项目之根

根，是项目、企业的战略性的、核心的要素，是项目能够成活的关键。

（1）根的存在

每一个创业项目都有着它区别于其他项目的特征。即使仅仅开一个便利店，也有的开得风生水起、规模越来越大，有的维持着普通的水平，能够解决一个人或几个人就业，有的则开着开着就倒闭关门了。这些项目千差万别的境遇启示我们，项目的差异是存在的，每一个项目包含的不同要素，特别是其中一两个关键的要素，影响和决定着项目运行的状况和结果。我们把这样的关键要素，这样的战略性的、核心的要素，称为项目的"根"。阳取决于阴，有什么样的阴，才有什么样的阳；也就是说，一个项目有着什么样的"基因"，也就会有什么样的健康状况。

（2）根的内涵

项目是由诸多要素集成在一起的，其中一个决定性的要素就是项目的根。没有根，树木就无法生长，即使像一些水生植物那样生长了，也只能随波逐流，这样的项目在市场上就只能听天由命。如果根扎得不牢固，一遇风雨就会倒伏甚至死去，这也像很多项目一样，市场稍有变化，就失去了生存的能力。

可见，根就是一个项目生存、成长的基石。而使一个项目能够在众多同类项目中脱颖而出的力量，就是项目各要素当中最优秀的资源，最核心的资源，甚至是某个项目独一无二的资源。这样的资源与其他要素合理地结合在一起，就形成一个项目最为优秀的物质基因。在这个意义上说，项目之根，就是一个项目生存的权利和发展的动力。

（3）根的作用

首先，根是项目生存的条件。影响项目成功、失败的因素很多，而创业者应该而且能够做到的，是先创造项目能够生存下来的条件：创造、发现、培育和抓住项目的根。没有这个根，项目就是无根之木，无源之水，不可能长久生存。即使侥幸获得阶段性的成功，也很难坚持长期运转，在风云变幻的市场中存活。所以，创业者一定要在项目之根上面下足够的功夫，让项目从一开始就具备生存的条件。

其次，根是坚持不懈的基础。美国的一项统计表明，新创办的公司在头一年倒闭率高达85%；再加上一些没有注册公司就失败的创业，总的创业失败率可能高达90%。许多项目做了一段时间就放弃了，原因是缺少坚持的信心、决心和条件，而这些都来自项目的根。如果在项目发生的时候抓住了根，就有了坚持的信心、决心和条件；如果经历了根的创造和培育的艰辛历程，就会产生对项目的钟爱。这样，就不会在创业的过程中犹豫、动摇、怀疑，更不会浅尝辄止、半途而废，而是一定会坚持不懈，直到成功。

最后，根是创业过程的先导。创业之始，在时间安排和资金使用上先做什么，后做什么？根的观念告诉我们，创业之始，重中之重就是要抓住根。要把全部的力量、全部的功夫、全部的时间和金钱，放在创造、寻找、挖掘、培育项目能够生存下来的根上。这是基础的基础，前提的前提，关键的关键，根本的根本。不把这个问题解决好，其他任何事情都没有意义。

"魂"是从创业的主体——创业者，来揭示创业的本质。"根"是从主体的对象——创业项目，来揭示创业的本质。二者共同构成创业基本问题。

二、创业基本过程

创业，是以项目选择为起点、以企业诞生为终点的，具有生命周期性质的过程，呈现出顺序发生、先后承接的三个阶段——选项、模拟、运转。这三个阶段是创业进程中客观存在的，每个阶段有不同的目标和问题。这三个阶段不可逾越，顺序不能颠倒。

"道生之，德畜之，物形之，势成之。"这句话说明了事物发展演进的过程。具体到创业的基本过程，道可以视为资本之魂的锤炼，德可以视为项目之根的打造，这两者决定了创业者如何依据各方面条件选择项目；物可以视为各种要素的结合，而它的逻辑需要通过模拟来获得验证；最后是项目的运转，实现了顺利的、持续的运转，这个时候才可以认为是"势成"。

1. 选项

创业，最直接的问题是要创的业是什么。这是项目选择问题，是创业过程的第一个阶段。

（1）选项是创业过程的最重要阶段

创业过程的每个阶段都是下一个阶段的基础和依据，项目选择是对全过程起决定作用的阶段。一个项目能够有什么样的优势，有什么样的条件，能不能成功，要解决怎样的问题，都是在这个阶段就需要深入思考的。有了好的项目，并不必然成功；没有好的项目，则一定会失败。选项这个阶段，决定着后两个阶段能否顺利进行。

（2）选项是魂与根同步生成的条件

魂与根来自实践，首先是选择项目的实践。创业者在选项过程当中，创造、发现和培育了项目核心优势——根，同时完成了对项目的理解、通透和把握——魂。魂与根同步产生于选择项目的实践过程之中；同时，项目的魂与根的具备，也是创业者选择一个项目的依据。

（3）选项进程的三个步骤

在项目选择上，创业者通常的错误是项目选择的偶然性和随意性，根本原因是创业者不具有判断项目好坏的能力。项目从选择到确定，需要经历较长时间的思考和比较。创业者要从项目的外部特征，到它的内在逻辑，都有充分的理解和通透的认识，最终深入把握项目的内涵。所以，选项要经过"从接触到理解""从理解到通透""从通透到把握"这三个步骤。

其中，接触到理解，是一个基本的认识过程，是从了解项目的基本情况，到理解项目的各方面要素，寻找和培育项目之根的过程；从理解到通透，是一个逻辑思考的过程，把项目各方面要素组织起来形成资本之魂的过程；从通透到把握，则是一个认知升华、付诸实践的过程，把项目的魂与根结合起来，深入、牢靠地把握项目的真正内涵。

需要强调的是，这三个步骤并不是创业者的凭空臆想，而是要始终坚持调查研究。任何逻辑、任何思考，都不能代替实践中的调查研究。

2. 模拟

模拟是创业过程的第二阶段。模拟是以探索的方式完成对项目本质特征的理解，以实验的方式完成对项目可行性的确认，以建立小规模系统模型的方式，完成对动态的项目要素综合的把握。项目的模拟，具体体现了创业从实践中来、到实践中去的过程。

（1）为什么要模拟

为什么说模拟是创业不可逾越的阶段？这主要由三个矛盾决定。

一是创业能力与创业实践的矛盾。创业能力来源于实践，而创业者通常是在没有实践，尚不具备能力或能力未能得到验证的情况下开始创业。模拟就为创业者提供了一个最小成本的验证过程和锻炼过程。

二是功能创造与功能决定的矛盾。任何产品和服务，最终都要接受市场的检验。一旦产品和服务初步定型、投入批量生产，创业者就需要投入大量的成本，这个时候再去修改几乎是不可能的。产品和服务是否被市场接受，这并不是创业者说了算，而是要经过现实的验证。这就决定了最初产品的样品性，也就必须通过最小成本的模拟，投放到最小规模的市场上去验证它。此时一旦市场不认可，创业者还有继续修改的机会，不致一败涂地。

三是演习和实战的矛盾。任何产品的制造都是诸多种要素的综合。要素从静止状态到运动状态，从独立状态到发生要素之间的联系，这期间会出现什么情况？不通过模拟，多丰富的想象也无济于事。

模拟体现了创业的实践性，同时也是一种风险防控的方法，是创业不可逾越的必经阶段。

（2）模拟是创业风险防控的关键

风险是一个隐蔽得很深的存在。如果没有意识到风险的存在，直接扩大规模，就会遇到各种各样的不可预见的问题；而这些问题，很有可能使一个原本很好的项目，仅仅因为不成熟、不周全而失败。同时，创业者最初组建的执行团队，还是一个处于磨合期中的非常不稳定的团队，各种要素的结合，也是一个非常脆弱的、不稳定的系统。此时很小的波动，就有可能使这个不稳定的系统在混乱中瘫痪。

模拟就是防控创业风险的重要手段。有了模拟过程，就可以尽早发现问题，寻求解决问题的办法。同时，模拟还可以锻炼队伍，磨合要素之间的配合关系，验证项目的魂与根。在创业过程中，出现问题是正常的、不可避免的，解决这些问题的最好方法、唯一方法，就是模拟——用实践的观念、探索的方式、最小的规模、最低的成本，去获得项目成功的保障。

（3）模拟可以制约偏执心态

创业者为项目投入了大量的心血，这是其他人无法体验和领会的，这就使创业者往往怀有一种偏执的观念。偏执观念有多种表现，比如：我的项目是最好的，独一无二的；我要把产品做得尽善尽美，功能越多越好；我的产品没有得到市场的认可，那是市场的错等。而现实是，同一个创意、创见，可能在多人同时、先后产生，创业者囿于所见所闻，甚至可能不知道有大企业已经投入了同类产品；产品的功能多、完美，并不一定是市场接受的原因，消费者可能仅仅因为其中一个理由而选择一款产品，功能齐全的另一个说法也就是平庸无奇；市场从来都没有错——只有错误的产品和服务，没有错误的消费者。

这样的偏执心态，在为创业者提供信心、意志的同时，也深深地埋下了失败的种子。通过模拟，可以有效地纠正创业者的偏执心态，让创业者在事实的面前重新思考，发现问题并解决问题。

创业者必须要重视模拟过程。模拟过程，是创业失败最后的纠正机会，一旦这个阶段被忽视，那么创业失败几乎是难以避免的。

3.运转

运转是创业过程的第三阶段。模拟是以产品为核心，实现对要素联合的把握；运转是以销售为核心，创造企业成活的条件。模拟是企业的孕育，为生存准备条件；运转是企业的诞生，为发展奠定基础。运转这一过程，体现着把生存放在首位的创业理念和实践。

（1）运转的意义

这里说的运转，不是以盈利为目的的资本循环，而是创造新企业生存条件的项目运作过程。目的是活着，内容是补偿，一切服从运转。为通过补偿实现生存的目的，规模能小则小，投入能少则少，而企业存活所需要的条件却一个也不能少。

运转是企业生命的存在形式。在存活的状态下，创业者才有认识问题的机会和解决问题的条件。一切问题都会在运转中发生，一切问题必须在运转中认识，一切问题只能在运转中解决。大到战略目标，小到业务流程，离开运转，谁都无法预见有哪些问题存在，也就不可能事先预定解决的方法。一切问题的认识与解决的前提条件是运转的存在。

（2）运转是创业的第一目标

很多创业学理论都强调，"新企业必须尽快盈利"。如果把盈利当作新企业的首要目标，就好比要求一只刚刚出壳的小鸡："你必须马上生蛋。"这显然是不切合实际的。企业要盈利，是以运转作为前提，而企业真正的盈利，是从运转循环中获得规模扩大、品质提升而实现的。因此，运转与盈利在时间上是先后关系，逻辑上是因果关系，内在联系上是鸡与蛋的关系。运转也就理所当然地成为创业的第一目标。

（3）运转的注意事项

用销售收入补偿耗费是运转的实现。运转的要义，就是离开外部的输血而实现自主生存。运转的目标，也就是新企业持续生存，并不断扩大，直到实现盈利的目标。在运转过程中，要注意以下问题。

一是减轻运转负荷。减少甚至规避固定成本投入，在必须投入的种类和时间上，以实现运转为限度，避免无计划、无意义的扩张。二是强化运转动力。持续的动力来自于运转创造的系统功能，系统功能发生作用的结果是销售货款的回流，回流的关键是及时：宁可利薄也要收现，宁可保本也要及时，宁可微亏也要防止呆坏账。

创业的三个阶段，就好比一张创业的"路线图"。创业者必须遵循这三个阶段，才能获得创业的成功。

三、创业的基本矛盾

既然资本之魂是项目生存的先决条件，那么，创业过程中一切的矛盾，也都围绕着 F 资本。所以，创业最为基本的矛盾，就是项目 F 资本的打造和 F 资本滞后的矛盾。这是贯穿创业过程始终的矛盾问题。

1. 矛盾的存在

工欲善其事，必先利其器。对于一个工匠来说，器具、技艺都是非常重要的基础。而对于一个创业者来说，F 资本的打造，更是无比重要的先决条件。但是，我们必须看到，实现创业目标所需要的 F 资本，与创业者当前实际拥有的 F 资本，并不是时间同步和切合需要的；创业者实际拥有的 F 资本，往往滞后于达成目标之所需。这也是创业为什么如此困难，众多项目最终失败的总根源，是一切实际问题背后的根本矛盾，是贯穿创业全过程的永恒主题。

2. 实践的原则

这个根本矛盾的存在启示我们，创业中的一切问题都是实践问题。创业者从踏上创业之路就一定会遇到各种困难，所有困难都是具体、特殊和没有现成答案的。怎么办？办法就是做。"天下事有难易乎？为之，难者亦易矣，不为，易者亦难矣。"唯有实践才是解决问题、增长能力、打造

F 资本的唯一选择、唯一道路、唯一办法。

3."三无"的前提

矛盾的存在，客观地规定了创业研究与教育的前提，是创业者的"三无"，即无资金，无资源，无能力。这是初创企业的人们的普遍状况和基本事实，是言说创业一切话语的起点，是探讨一切问题解决办法的条件，是构成学科内容的既定前提。归根到底，是解决创业研究的目的——说清楚"从无到有"的科学价值所在。

F 资本的相对滞后，是创业过程中的基本矛盾。认识到创业的基本矛盾，我们的目标就是解决这个矛盾，而解决这个矛盾的唯一办法就是实践。每一个创业者都从无资金、无资源、无能力开始。资金、资源，都是逐渐配置到项目当中的，我们总能找到解决的办法；而无能力，也就是缺乏 F 资本，却只能靠创业者自己的不断锤炼和提升。

第二章　创业趋势与环境

中国经济发展的大环境，中国人民投身创业的大趋势，使当前成为几百年来创业的最好时代。人们追求幸福、拥有自主的经济生活权利得到了进一步的实现，人们追求梦想、实现人生价值也具有了充分的社会条件。这是过去任何时代的人们都渴望却未曾拥有的机遇。

政府把促进就业和鼓励创业放在了同等重要的位置。创业发展的大趋势激励着每一个人，创业政策惠及每一个人。这是一个创业时代，是创业的最好机遇，是创业者实现人生价值的最好时代。市场经济的基础是人性，创业则是人性这个自然永恒和市场经济这个社会永恒最为集中的体现。

这就决定了，创业会成为社会生活的主旋律，成为社会发展的大趋势。在农业、工业、服务业和新兴产业等诸多领域，中国人民投身于创办经济实体的大规模创业实践当中。创业成为人们最普遍的社会生活，创业成为社会最突出的经济现象，已经为个人的发展和社会的进步积蓄了巨大的能力。创业，是从根本上改变中国命运的世纪浪潮。

第一节 创业的社会趋势

社会发展的趋势是个人发展目标的前提。离开了这个大的趋势,个人很难取得成功;只有预见并跟定社会大势,才有可能成就一番伟大的事业。创业就是社会的大势。这体现在社会发展的方方面面。从国家政策到经济条件,从社会发展到个人追求,从积累社会财富到提高生活水平,都需要通过持续的、成功的创业实现。创业是社会发展的必然,是经济发展的出路,是个人发展的途径。

一、创业是人性与市场结合的必然

创造财富的过程是通过企业的运行实现的,而企业的健康运行,离不开良好的市场环境和优秀企业家的努力。创业就是人性与市场的结合。

1. 人性驱动创业

什么是人性?多学科的共同结论是:追求自身利益是人的一切行为的出发点和归宿,是人的思维和形体活动的最终目的。什么是利益?利益被经典地概括为"需要的实现",即得到并满足自己的需要。需要对不同的人来说表现为不同层次,有最基本的生存需要,也有最高层次的自我价值实现的需要。因此,追求自身需要的满足就是人的本性。正如亚当·斯密所言:"我们从胎里出来一直到死,从没有一刻放弃过改良自身状况的愿望。但怎样改良呢?最显而易见、最具常识性的办法是增加财产。"

财富并不是从天上掉下来的,而是通过人的经济活动实现的。经济,本质上就是人的选择;选择,就是人性的具体表现。不同的政治、经济制度会产生不同的选择导向,好的制度能够把人的选择引导向增长社会财富的方向。市场经济正是这样一种制度,它的目标就是促进文明、提升素质、增加财富。

而这一切都离不开创业。市场经济所具有的活力,以及它对人实现自身价值的动力激发,最终都要落实到创业上。人性和市场的结合,就是把个人追求自身利益的需要,引向市场创业行为。创业是实现利益的最为重要的选择。

2. 市场牵动创业

今日中国经济所取得的巨大成就,得益于我们正在建立与完善的市场经济制度。市场经济为个体需求的满足、个体利益的实现创造了条件。

(1) 规范

市场经济从根本上说,是一种法治的、规范的经济。离开规范,市场活动几乎寸步难行。在市场经济制度建立之前,人们是以就业为导向的,只能通过政府对经济的计划,通过改变身份来改变命运。而市场经济的建立,从根本上扭转了这样的局面,人们拥有更多的机遇,尤其是通过创业来实现人生的梦想。

(2) 资源

市场经济是通过市场的自由交易,来配置社会资源的。这就使市场经济比其他经济形式具有更强的活力。自由交易最能体现个体的、社会的需要,它是人们追求和实现自身利益的选择,具有无可比拟的力量。这就使得创业所需要的资源更容易获得,使创业所需要的条件,更容易得到满足。

(3) 创业

市场经济使人的财富增加成为现实可能。在计划经济时代,创业属于个别的、非主流的经济行为;而在市场经济时代,创业就成为全民的、主流的经济行为。企业是市场交易的主体,而企业必然来自于创业,创业的成果就进一步促进市场交易的活跃。因此,市场经济使得创业不仅成为一种可能,而且成为一种需要。

在市场的召唤下，投身创业大潮，既是取得自身成功的途径，也是为社会创造价值的方式。

3. 财富依赖创业

美国、日本等强国积累了庞大的社会财富，在美国和日本，流传最为广泛的、最激动人心的，莫过于有关创业的故事。松下幸之助、洛克菲勒等人的创业故事，至今仍然激励着各国人民投身创业，实现个人价值。

与美、日、欧等发达国家和地区一样，中国积累社会财富、实现人民富裕的途径，也常常通过创业来实现。财富的增长是通过扩大再生产实现的，而扩大再生产就需要不断的投资。只有这样，经济才能增长，物质财富才能不断增加，社会生活水平才能提高。而国家直接投资的领域是有限的，市场经济对政府职能的要求，也决定了国家不可能过多地介入市场。

财富的创造离不开创业。创业产生了企业，企业创造了财富，财富又被当作资本投入到新的创业当中，这是市场经济最为基本的物质循环。离开了这个循环，经济就无法发展，社会就无法运转，甚至每个人的生活都无法继续，这是不可想象的。而这个循环最为关键的一环，就是创业。成功的创业才能使企业持续地存活，持续存活的企业才能为社会创造财富，才能有积累的资本投入到新的创业当中。因此，财富依赖于创业，经济发展依赖于创业，人们收入水平的提高也依赖于创业。

二、创业是扩大内需的根本出路

经济学理论和经济发展的实践都证明，经济的增长仅仅依靠投资会发生效率递减，单纯依靠积极的财政政策会提高通货膨胀率。可持续的增长，要靠自主的内生动力创造需求，创业就是这个内生动力。

1. 供求关系的常识

常识告诉我们，供给与需求是"永恒"和"同一"的。"永恒"是指供给与需求的矛盾是与市场经济相伴的现象，总供给大于总需求就像5%

的失业率和 5% 的资金利润率一样，都是市场经济中的常态。"同一"是指供给与需求是一个问题，相互依存、相互决定还相互创造对方。因此，不能把需求不足和失业，看成是经济转型和产业结构调整所致，这是用暂时的观点理解永恒的问题。也不能割裂二者的同一关系，孤立地看待需求，把眼睛盯在老百姓的钱袋上，忽略了决定消费的最重要因素是与供给相联系的收入。没有稳定的收入或预期的收入，储蓄是不能用来消费的。总之，不能离开多数人收入的提高谈论消费需求。

2. 扩大需求的办法

供给与需求的相互决定和相互转化，可以用一个链条来简单地表示：个体需求—社会总需求—社会总供应—价格变动—投资激励—个体收入。

这个链条从个体的需求开始，个体需求的总和就是社会总需求。个体需求的升高或降低，就会决定社会总需求升高或降低。而社会总需求和供应的对比，就会影响到市场的供求关系，决定市场价格的变动。市场价格的变动就会影响企业的决策，而企业决策的指标就是投资行为，投资就会从收益少的领域流向收益多的领域，最终决定个体的收入水平。而个体的收入水平，又会影响到个体需求的水平。

如此的循环结构告诉我们，解决问题的思路，是要通过增加收入来扩大需求，进而激发整个产业链条的活力。收入水平的下降，就会造成需求下降，使价格降低，投资减少，造成收入水平的进一步下降，社会经济就会因此陷入困境。而提高收入水平，需求增长，价格上涨，投资增加，进而促进收入水平的提升，使整个经济处于活跃、健康的发展轨道当中。

收入水平的提升来自投资的活跃和盈利。前面我们提到过，投资的主体，还是民间资本，即民间的创业投资。只有创业投资才是持续的、循环的、不产生通货膨胀压力的资本，才能大面积地增加就业机会，增长大多数人的收入，进而扩大需求。因此，创业也是拉动内需的根本力量。

3. 增加收入的途径

产业投资是增加供给和增加需求的统一，二者统一在生产消费与生活消费之中。因为任何一笔投资于产业的资金，在增加对生产资料消费的同时也增加对生活资料的消费。任何一项投资都必定产生对人力的需求，即通过工资产生对消费资料的需求。

甚至可以说，任何产业的投资最终都会全部转化为对消费的需求，因为所需求的生产资料本身都包含了工资。一直追溯下去，除了地球上的自然资源之外的所有财富都是工资。准确地说，投资在直接产生对消费资料需求的同时，经过中间环节后最终也会变成对消费资料的需求：投资创造收入，收入创造需求。

三、创业是造就企业家的必由之路

F资本的承载是创业者。而创业成功之后，创业者就转变成为企业家，成为企业的灵魂。优秀的企业家是任何一个经济体最重要的资源，更是处于起步阶段的中国最为稀缺的资源。而优秀的企业家从哪里来？创业，才是造就企业家的唯一途径。

能否抓住中华民族复兴的千年机遇，在很大程度上取决于我们拥有的企业家的数量和质量。

企业家的作用何以如此重要？第一，在和平发展的国际环境下，国家间的竞争是以企业之间的竞争表现的，这种竞争的背后是企业家胆略和智慧的竞争。第二，人的决定作用表现在人才的重要性上，而人力资本中最具活力的是企业家。他们处在人才和人力资本的核心位置，对人力资源起引领、主导与创造性组合的作用。

面对中华民族伟大复兴的世纪使命，我们需要一个庞大的企业家群体。企业家从哪里来？靠学校教育吗？如果学校能够教育出企业家，我们可以像制造产品那样，每年以几十万的规模批量生产企业家。企业的活动是实践性极强的活动。面对强手如林的市场和生死存亡的竞争，要的是真功夫。功夫是练出来的，没有什么能够代替练的过程和实践。

企业中的问题都是具体、特殊、有多种选择的。因此，解决任何问题都需要创造。没有创造就没有决策，没有创造就没有企业的存活，没有创造就没有企业家。创造靠什么呢？靠创业实践的熔炼，市场的锤打。所有这些都起源于创业。不懂得创业的艰难，就不会珍惜企业的今天；不知道企业如何孕育、出生、发育、成长，就不会知道企业如何向前发展。

社会发展的走向由社会矛盾决定。新增人口与就业的矛盾，经济增长与扩大内需的矛盾决定了创业的趋势。

第二节　创业的社会环境

创业是经济发展中最具活力的因素。中国创业大潮涌动，创业者的机遇是前所未有的。尤其是人口与就业、增长与内需、梦想与灵魂这"三大矛盾"的存在，更使得创业成为经济、生活的重要组成部分。创业者扮演着促进就业、拉动内需、实现腾飞的重要角色。

改革开放以来，特别是市场经济制度建立以来，财富增长，国力增强，人民生活水平有了明显提升。先进的制度为民众拥有自主的经济生活权利创造了条件。当今中国，只要你愿意通过努力改变生存条件，便可以找到适合自己发展的空间。从而，创业从一个遥远的、发生在他人身上的故事，变成了身边的、甚至自己身上发生的现实。创业，是社会的大环境，也是个人的大舞台。

一、私有财产权与金融体制的改革

1. 法律保护私有财产权

市场经济是法治经济，是规范经济。它通过价格来反映社会的需求与供应，通过价格来优化配置社会物质资源和人力资源，通过价格来获得收益促进技术不断的发展和应用。有了制度化的市场经济，物质产品才能越来越丰富，生产成本才能不断降低，产品的质量才能不断提高，民众才有机会分享到经济增长带来的收益。价格这只"看不见的手"，之所以有如此大的魔力，因为它直面的是人性，是人的选择，是人追求利益的本性。因此，价格也就是市场经济恒久活力的源泉。

有了价格，市场的力量就能释放出来吗？不是这样的。在市场价格和人性之间还有一道屏障：私有财产权。没有私有财产的法定权利，市场作用和人性就被割裂开了。《孟子·滕文公上》中说："民之为道也，有恒产者有恒心，无恒产者无恒心。"意思是说，民众有了恒定的产业才有恒定的心性。因为民众有私有的财产权利，受到法律的保护，民众创造的财富成果才属于自己，不会被别人抢走，民众有了自身的财产权利，才会有创造财富的动力。

有了私有财产权，市场和人性之间的通道才会被打开，真正意义上的市场经济才会建立，价格之手才会充分地发挥作用。市场经济，依靠交易双方的自愿实现交易的完成，没有私有财产权，就无法体现双方的自主意愿，交易也就成了空中楼阁。因此，市场经济就是以私有财产权为基础的经济。

私有财产权对创业的影响是直接的。打破所有制的限制，各种不同的经济成分受到合法的保护，使得人们对自己的财产安全不再担忧，才算是有了"恒产"。有了"恒产"，才有创业的恒心，投资者才有信心投入到创业领域，创业者才能获得属于自己的创业成果。因此，市场经济制度的建立，私有财产权的保护，极大地促进了民间创业浪潮的风生水起。

2. 创业融资的体系正在形成

中国金融体系与市场经济的需要之间还存在矛盾，问题的根本在于，中国旧有的金融体系是完全国有化的。这决定了它本质上是行政机构的延伸、政府权力的延伸，很难为市场化经营的企业、特别是个体创业提供有效的支持。这个问题最直接的表现就是贷款结构和企业结构不对称。一方面是极需资金支持的民营经济、创业大军，一方面却是不敢投入、不能投入的国有资本；一方面是习惯于国有资本支持的国有企业，一方面又是各种经济成分平等竞争的市场经济制度。

特别是近年来，民营企业在 GDP 的构成中占有越来越重要的位置，在数值上已经超过了国有企业。民营企业是最具活力的经济成分，是推动中国经济增长的引擎。民营经济的停滞就是中国经济的停滞，民营经济的发展就是中国经济的发展。因此，对民营经济提供充分有效的支持，就有待于民间金融体系的建立与完善，这才是促进就业、扩大内需、实现增长的解决之道。

资本的支持是创业重要的资源要素。没有资本的支持，创业也就难以为继，经济的发展就成了无源之水、无本之木。这就需要中国的金融体系有比较大的变革，充分加入民营经济成分，明晰产权结构，引入竞争机制。这就为创业提供了更好的机遇。十八届三中全会《中共中央关于全面深化改革若干重大问题的决定》指出，要以"整合发展国家和省级高校毕业生就业创业基金"的方式，支持高校毕业生投身创业大潮。这说明，政府对于创业的金融资本支持，是切实的，也是坚定的。党的十九大报告明确提出"深化金融体制改革"。

这一切，仍然需要通过市场来实现。近几年新兴起来的众筹、O2O融资等新的融资模式，显示出了强劲的增长势头。这说明，民间的创业资本是有现实需求的，而民间也有充足的闲散资金，实现对创业的支持。各类金融企业和准金融企业，也正在为这方面的探索贡献着力量。市场的配置会是最优化的。大的投资，对接的金融机构就是大的银行；而创业需要的相对小的资本，对接的最好方式就是小型的银行、基金、创业投资机构等。在中国的历史上，银号、钱庄等小规模的民间银行，有着与企业长期而密切的交往关系，它们的诞生就是企业自主的选择。从这个意义上说，金融机构和企业、创业的利益是共同的，没有创业就没有企业，没有企业金融机构就无法获得二级分配，这里面的相关性是显而易见的。

近年来的政策趋势非常明显。民间机构、民间资本介入到金融领域，支持民营企业的发展，满足民间创业的需要，是不可逆转的大势所趋。国有银行的改革与民营银行的产生，是历史的必然。中国创业投资、融资的前景是美好的，创业投融资的多种形式和多种渠道正在产生和发展着。

3. 外资本土化进程与投资领域的开放

外国资本进入中国，都有自己的长期发展战略。长远性决定了它们本土化的必然性，本土化的过程将会成为中国中小企业大量产生的过程，成为中国民间创业投资持续增长的一个机遇。

首先是外资制造业本土化。为了降低基本原材料和各种零部件的成本，也为了确保供应的及时和配套，外国资本在建立自己的生产基地之后，通常会积极推进零部件供应本土化。其次是外资采购本土化。不论是外资中的生产型企业还是零售企业，一旦在中国建立了自己的基地，本地采购的数量品种都会大幅度增加，事实上已经有许多跨国公司建立了中国采购中心。最后是外资研发本土化。外国公司把研究与开发的一部分转移到中国来，和它的生产制造部门更接近。更重要的原因是，外资企业必须亲善中国市场和中国文化，以适应在中国土地上的竞争。

外资本土化是中国民间创业投资的机遇。机遇体现在合作与学习两个方面。就合作而言，中国民营企业可以做外企的上游和下游，还可以与外资进行品牌合作。品牌合作的惯例是"贴牌生产"，即常说的OEM。由于环境好、成本低、市场大，国际上知名品牌的OEM业务注定会陆续地向中国转移。中国企业可以为外国的品牌打工，在打工中积累自己，谋求创建自己的品牌。合作的最广泛形式是配套，为跨国公司的核心产品配套，在配套中走自己的专业化、精致化道路，在外国公司创造的商业价值链中占据一个不可替代的环节。

就学习而言，外资本土化对中国中小企业有一个特殊的意义，那就是外资企业特别是跨国公司，带到中国来的是代表当代世界经济发展最高成就的各种要素：资金、技术、品牌。更重要的是它们传递出来的商业意识和商业观念，它们追随客户的执着精神，它们对消费者需求的深层洞察，它们的市场营销的规范与严谨，它们的品牌运作的能力等。对刚刚受到一些市场经济启蒙的中国企业人士和创业者来说，是极好的学习机会。特别是伴随着现代企业制度的建立，发达国家积累了成熟而良好的经验，在这方面，中国的企业家特别是创业者，更要虚心学习，尽快融入。

二、民间投资的方向与中国的巨大市场

1. 在实体经济中创业的趋势

就投向的市场类别而言，民间投资的投向只有两个：一级市场和二级市场。一级市场所指的，就是农业、工业、商业、服务业这些具体的、实体化的产业；二级市场所指的，则是保险、股票、债券、外汇等金融化的产业。

股票市场根本上是一种融资渠道。经营业绩、盈利预期良好的企业，通过股票等二级市场获得民间资金的支持，民间投资者通过企业的利润增长获得分红性的回报。而股票市场也不可避免成为投机的场所。尤其是在中国这样一个还不成熟的市场，投资目标、市场运转、融资企业等，都存在着显著的信息不对称和投资随意性，企业、投资者都有巨大的风险。

这也就使越来越多的投资者把目光转向了一级市场，即实体经济。一方面，实体经济比二级市场更加直观可感，也更容易发挥投资者自身的各方面优势，如经验、兴趣、知识、技术等；另一方面，实体经济的发展是可以预期的，尤其是一个企业、一个项目，它的发展有着可以把控的规律。相比较而言，对股票等二级市场的通识，是其不可预测性。

不仅如此，一级市场使得投资者的价值更容易得到实现。作为一个散户，甚至一个大户，在股票市场对于企业的支持是看不见的，投资者追求的只不过是短期的股价上涨。而扶植一个创业项目，小的投入就有可能创造一个奇迹。我们从历史上就可以看到，没有任何一笔巨大财富的产生，依靠的是二级市场的投机；而每一笔巨大财富的实现，都必然是通过一级市场的奋斗。

基于这样的认知，基于中国创业发展的大环境、大趋势，基于二级市场的风云莫测和一级市场的现实可控的区别，民间投资的方向，正在转向实体经济一方，正在转向民间创业一方。这就为民间创业的资金来源提供了社会性的支持。

2. 中国市场给创业带来无限空间

在 20 世纪最后的 20 年中，精明、成熟、老道的世界 500 强中的多数，似乎是接受了同一个指令，满怀豪情地向着同一个方向运动，这就是位于亚洲东部的中国。它们接受了什么指令？是市场，它们共同看好的是中国的市场。这个市场太大了，消费需求的潜力太大了。

外国企业家看好的前景，正是中国民间创业的前景，是民间创业的无限空间。随着经济的持续发展，中国居民的总收入与储蓄同步增长。在总额增长的过程中，收入水平的差距拉大了，形成了消费的多元化。既有实用为主的消费，也有精致享受为主的消费，还有追求文化教育、休闲旅游的消费。在城市消费水平不断提高和日益多样化的同时，广大的农村也存在着极大的消费潜力，经济发展带来的城市化进程和农业的集约化经营是必然的。所有这些都表明中国市场不仅巨大、多样化，而且具有深厚的潜力。

这就给中国的创业以无限的空间。这样庞大体量的市场，任何创业成果都有可能得以实现。而只要满足其中极微小的一部分，就是一个企业甚至一个产业发展的巨大机遇。不仅如此，处于同质化发展的各个城镇、乡村，更便于企业的规模化扩张，或企业间成功模式的复制。

被市场经济激发起来的需求，正在等待着被创业实现的供应去满足，这是中国最好的创业时代。

三、快乐幸福的人生与开创事业的挑战

1. 快乐幸福的人生

创业，是最精彩的人生历程，最宝贵的社会财富。没有创业，就无法领略到人生自我价值实现的历程；没有创业，就不可能站在人生的巅峰，俯视历史的发展。

我们经常在思考一个问题：什么是幸福。这个问题，不同的人有不同的回答；而各种民意调查以及理论研究则指向了一个抽象的结果：幸福就是需求的实现，越高需求层次的实现，带来的幸福感越强。而人最高层次的需求，就是人的自我价值的实现。怎样才能实现自我价值？那些攀登科学、艺术之巅的学者、艺术家，当然是实现了很高的自我价值；但是，攀登科技、艺术之巅并不是每个普通大众自我价值实现的途径，而是极少数具备相当禀赋和付出艰苦努力的人才能实现的。大众的自我价值，就是个人的充分发展；而最能体现个人充分发展的，就是创业的成功。

幸福来自于创业。儿时的梦想，逐渐在心中成长，在自己的手中一步一步变成现实，这样的成就感、幸福感，是创业带给每个人最好的礼物，也是每个人最精彩的人生经历。

2. 开创事业的挑战

创业还是一种挑战。独立开创一项事业是很不容易的，挫折失败是必定会碰到的。正是在这一过程中，你起步了，立足了，发展了。正是在这一过程中，你的意志坚韧了，信心增强了，精神世界充实了。正是在这一过程中，你有了做人的尊严和魅力，有了独立的人格，品尝到为理想奋斗的快乐。即便是不幸遭遇失败，你会发现：失败是一种资格。任何失败都是折腾一通后的阶段性结果。对过去，它证明你是有些能量的，至少非碌碌无为的平庸之辈。对未来，它是继续前进的新起点、新水平、新高度。

相反，没有苦难的人生是不完整的人生，没有遭遇挫折的人生是没有底气、没有后劲的人生，是没有机会理解社会、没有资格谈论社会的人生。若干年后你会发现："没有失败的人生，才是人生的最大失败。"

当你一旦迈出创业这一步，你就会发现，不论你设计得多么完善，大部分计划是不切实际的；不论你有多么丰富的知识，立马就会吃惊地发现自己的贫乏；不论你有多么充沛的精力，你很快便会感觉时间不够用。创业一定能激发出你全部的潜能，锻炼你方方面面的才干。一旦命运操控在自己手中，朝着你选择的目标前进，生命之火就会在一个点上燃烧：火花喷舞，光芒四射。

创业，是 21 世纪中国的大趋势。这是由中国现状和目标决定的。目标是实现民族复兴的百年梦想，现状是"三大矛盾"的存在。梦想与现实中间是以民众为主体的创业活动。"风起于青萍之末。"创业的浪潮已经开始涌现，期待着澎湃激昂、壮怀激烈。

第三章　资本要素的灵魂

创业是有规律的。规律是什么？规律就是原理、法则，就是事物运行的内在秩序。创业也是这样，"魂"和"根"是创业的基本问题，是创业过程中自始至终、稳定不变、决定其他一切问题的问题。在二者关系中，"魂"是起主要和决定作用的。

创业过程、创业要素，始终都被人控制着。人对于项目的理解、对于要素的配置、对于过程的控制，决定了项目的成败。人的灵性是物的主宰，这就是创业要投入的真正的资本——灵魂资本。

F资本是区别于其他的如资金、技术、固定资产等有形、无形资本之外的独立的资本形态。它以创业者为载体，对财富的创造和增加起决定作用。它作用于创业之初的选项过程，作用于创业的模拟、运转过程，也会作用于创业成功后的企业运营过程。每一个影响着现实生活的企业，它的产生、发展，直到成为世界级的领先企业，都离不开灵魂资本。相对灵魂资本而言，其他的各类资本都是资本要素。

阐明发现灵魂资本的过程以证明其存在，得出基本结论以定义其内涵，揭示灵魂资本与要素资本的关系，以说明灵魂资本发生作用的形式，是创业基本问题之一，也是本章的核心内容。

第一节　F 资本——全新的资本形态

一个项目失败的原因究竟是什么？是缺少资金吗？是决策失误吗？是质量功能吗？是市场定位吗？是技术含量吗？是运营管理吗？这些无疑都很重要，但归根到底又都不是根本原因。因为在它们的后面还有原因，这些原因又是相互关联而交织在一起的。

创业投资的"资"包括了货币资本及其他物质形态，包括知识、技术、信息、渠道等。但创业投资的"资"，首要、主要、起决定作用的却不是这些；是人的灵性渗透到资本要素之中，赋予资本要素以生命和灵魂，这就是灵魂资本。

一、资本的概念

商品经济带来了资本的概念。在经济发展的不同时期，学者从不同角度、学科的不同对象等出发，赋予了资本的多种定义。

1. 资本概念的历史渊源

（1）用作投资的货币及其物质

货币以及由货币代表和转化的各种物质形态是资本，这是"资本"的基本与普遍定义。以增值为目的把货币用于投资，货币就成为资本。既然把货币当作资本，不论投向哪个领域，货币都会变成与用途相关的物质形式。土地、矿产、能源、材料、机器、工具、设施和装备等，都是资本。不仅这些有形的物质可以成为资本，无形的如专利、技术、渠道、信息等，这些也都可以视为资本。

(2) 资本概念发展的基本阶段

资本概念的起源。资本这个概念，产生于原始社会的手工业、畜牧养殖业，发展于货币本金放贷生息的古代社会，成熟于生产要素论的近代社会，延伸于经济范围不断扩展的现代社会。把资本当作生产要素，是经济学中资本概念的正宗和经典。创业投资中所说的资本就是这种意义上的资本。

资本概念的衍生含义。经济学家从价值来源考察经济，把劳动力或劳动看成是资本。如亚当·斯密的论断：土地是财富之母，劳动是财富之父。马克思从考察资本本质出发，把资本看成是由物体现的社会生产关系。现代社会的人们注意到自然资源匮乏日益严重，而技术、知识、信息能够引发经济增长，因此把自然资源与技术、知识、信息也看成资本。

(3) 多种资本概念的共同特点

不论从何种角度来定义资本，都与财富的增长有关。只是由于创造财富的不同要素，在人类生产活动的不同时期发挥作用的程度不同，而形成不同的概念。农业经济时代土地的作用最突出，一切社会矛盾源于土地。工业经济时代机器的作用最突出，吸纳和推动生产性劳动的资本（机器）数量决定财富的多少。近现代技术的作用突出，技术创新成为经济变动与增长的重要因素，如电力、汽车、电子、计算机、互联网都创造了自己的产业链，分解出许多相关行业，进而拉动经济发展。

可见，人们对资本的理解有一点是共同的：凡是与财富创造和财富增加有关的要素都是资本。

2. 资本的表现形式

既然凡是与财富创造和增加有关的要素都可以叫资本，那就有很多要素可以划入资本范畴。这些要素，大体上可以分为"软"要素和"硬"要素。计算机的普及使人们很容易理解这个概括力很高、很准、很通俗的概念。"硬"资本是指和财富创造与财富增加相关的物质要素，包括土地、劳动力、能源、材料、机器、设备、厂房、工具等，以及用价值代表和支配这些物质要素的货币，即一切物质的、有形的、实在的、构成投资的物质基础的要素都是"硬"资本。"软"资本是指与财富创造和财富增加相关的一切非物质要素，包括知识、技术、信息这三项涵盖面极宽的资本，即一切非物质的、无形的、构成资本内在属性的资本要素都是"软"资本。

这样的区分是很有必要的。人们在不同历史时期对资本概念的创造与使用，与当时的生产发展阶段相适应。而既有的观念延续到今天，在大多数人看来，资本仍然主要是指使财富增加的物质要素。此种观念误导了创业投资的行为：一涉及创业则首先想到的是资金，把资金看作创业的第一需要，把创业投资理所当然地认定为投入资本，而资本又主要是物质要素。资本的物质性观念框住了我们的思维，限制了我们的头脑，束缚了我们的行为。

而"软"资本的重要作用正在日益显现。知识拓展了人们的视野，拓展了经济活动的领域；技术使各种知识得到应用，使生产及其相关活动得到进步和发展；信息则使人们的经济活动变得规范和容易，使知识和技术得到有效的传播。这些"软"资本，对物质形态的资本价值形成了巨大的冲击。在近代，人们所认为的资本价值，要看有多少土地、多少机器、多少劳动者；而在现代，人们更关注一个企业有多少技术含量，有怎样的市场渠道。

"软"资本和"硬"资本合在一起，构成了一个企业的资本要素，也是一个创业项目必需的条件。

3. 建立一个"新"资本概念

"软"资本和"硬"资本在企业的运营过程中，在创业的过程中，都发挥着重要的、不同的作用。每一个项目都依赖于这些要素。但是，有了这些要素是不是就够用了？这些要素齐备了，是不是创业就一定能够成功？显然不是这样的。我们也看到，即使是很多大型企业，它的一个新的产品投放市场，也不能确保成功。大型企业投入的"软""硬"资本可以说是非常充足的，但是仍然有大量失败的例子，这说明，"软""硬"资本是必要的，但都不是决定性的。

在创业过程中，如何把"软""硬"资本聚合到一起，如何获得并且充分利用这些资本,如何使这些资本实现最优化的配置、发挥最重要的作用,这种聚合的形式,就是一个项目的灵魂,一个创业者的洞见。这也是一种资本,是比"软"资本还要"软"的资本,是为了使要素资本增值而必须具备的资本,是比各种要素更具有资本属性的特殊资本。

二、特殊的资本存在——灵魂资本

资本不论软硬,都是创造财富的要素,按照项目组织所需要素,就是普遍的创业过程。而每一次创业过程,创业者都在有意识地去寻求、组织所需的要素,这个寻求、组织过程,是一种必然的存在,也是一种特殊的存在。

1. 关于资本的思考和启示

(1) 事实的启示

有多少创业项目,失败的原因不是缺少资金,成功的原因也不是资金充裕。企业的失败是因为缺钱吗?中关村一家初创的公司,拥有一项填补空白的技术,争取到了科学技术部创新鼓励基金 200 万元,还得到了几百万元的股份投资。结果没到半年,产品没搞出来,公司也散伙了。那么多亏损倒闭的企业是缺少资金吗?银行呆坏账和从投资人那里获得的钱不计其数,可还是照旧亏损、倒闭。

企业的成功是因为有钱吗?要知道,摩根、洛克菲勒、福特、通用电器等当今大型企业,个个都是从小做起,甚至白手起家。中国的例子更是数不胜数。从当年的晋商到今天的浙商,从李嘉诚、王永庆到今天的马化腾、马云,哪一个不是从小到大、白手起家?决定创业成败的首先不是、主要不是资金,起决定作用的更不是资金。

(2) 成败的透析

我们在前面讲过,任何创业的结果都是成功与失败的混合。失败的企业,在创业过程中的某个方面、某个环节是成功的,在它失败的结果中事实上包含着许多成功的因素。成功的企业,通向成功的路上必然经历了许多失败，在成功的结果中也可能潜藏着许多失败的因子。

在新企业的发展过程中，阶段性失败的结果却包含着许多成功的因素，阶段性成功的结果可能已经潜藏着许多失败的因素。这说明，任何一项投资，任何一个创业，任何一个企业，在任何时候都同时存在既决定成功又决定失败的东西。

（3）在关键中觉悟

但凡谈论创业、企业、投资，使用频率最高的词莫过于"关键"。哪个要素不关键？市场不关键吗？技术不关键吗？功能不关键吗？质量不关键吗？人才不关键吗？管理不关键吗？成本不关键吗？核心竞争力不关键吗？老板素质不关键吗？企业文化不关键吗？现金流不关键吗？决策不关键吗？

如果我们把其中之一视为关键，那么合理的逻辑就是，做好这一件事，项目就理应成功，不会失败。这显然是非常荒谬的。如果我们把所有的问题都视为关键，那就等于什么都没有说。这些问题，或者说这些要素，如何组织在一起，如何合理地、优化地配置它们，如何使它们发挥出应有的作用、得到正确的使用，如何在发展的过程中去解决这些问题，这才是真正的关键。

2. 灵魂资本的显现

（1）从创业过程看

创业投资是成功与失败始终相互融合的过程。成功与失败是过程的断面，是多种因素在一个时空点集合而产生的现象，所以成与败都不具有独立性，因此也就都不具有永恒性。不具有独立性与永恒性说明什么？说明成与败本身不具有自主性和真实性。不具有自主性和真实性又说明什么？说明它一定是被决定的事情，决定性因素必定在这个过程之外。

（2）从创业要素看

谈论创业成败的关键，都是企业存在的要素。而这些要素都不是决定成败的关键，这也同时证明，真正关键的，一定是另外一种存在，只能在"要素"之外。这样，思路被理性引导必然指向另一个出口：企业从无到有，自始至终都被一个外部力量决定着。

（3）灵魂资本

事实的启发，对成败的透析，对关键的觉悟，会把思维引向过程与要素之外。一个"创"字，把"业"与这个行为的主体"人"连接起来，人的灵性就渗透到"业"中，"业"就成为人的灵性的载体。

——是"灵"决定"业"的一切：存在、配置、组合、效能。

——是"灵"赋予"业"以生命：孕育、出生、发育、成长。

——是"灵"决定"业"的过程：寻根、模拟、运转、渗透。

——是"灵"决定"业"的结果：成功、失败、生存、死亡。

这个决定业、创造业的"灵"，就是灵魂资本。

3. 灵魂资本

（1）灵魂资本的定义

灵魂资本，就是对创业特殊规律的理解和运用，表现为创造与整合资源、驾驭资本要素的能力，落实到对具体项目的理解、通透和把握上。

（2）灵魂资本的特性

一个真实而隐蔽的存在。这个真实存在不同于任何其他形式的资本，是看不见、摸不到、没有外在形态的资本，却是真真切切地存在于创业的全过程之中，深藏不露却可以被人感觉得到的那种"灵"。

一个独立而特殊的存在。它是独立于要素资本之外，超越要素资本之上，渗透于要素资本之内，对要素资本起统领主导作用的一个存在，是全部资本要素的"魂"。

最具有资本性质的资本。对于财富增加与财富创造而言最具有"资本"的性质。以往多种形态的资本都不具有这个属性，它们对灵魂资本而言表现为资本的要素形态，即资本要素。因为离开灵魂资本，机器就是机器，技术就是技术，信息就是信息，都不是可以主动去实现增值的东西。

（3）灵魂资本的内涵

与简单相加的组合不同，要素的整合是创造性的功力。创业者要发现资源之间别人没发现的联系，发现现有资源新的功能和用途，发现现有产品功能中的缺陷与不足，把看似不相关的资源进行复合而产生新的效用，把各自独立的利益关联在一起而产生新的利润点，把自己可借助的各种优势集中在一点实现某种市场突破，在成长中的产业链中找到缝隙与薄弱环节，对潜在的具有商业价值的元素进行挖掘、改造和提炼，在开阔眼界、改变视角的前提下探索新模式、新业态和新手法，对社会发展趋势与走向的敏锐感知。这些就是灵魂资本的内涵。

（4）灵魂资本的表征

通透和运作项目的能力。通透，是由此至彼的全面把握，是对认识对象彻底的通晓。通透的对象是项目，要知道它的来龙去脉与产生的根据，要通过解剖发现它的内部构成，要在对其相关要素因素的考察中、在发现其构成间关系中找到最关键的部分，要通过探索实现对关键的理解，要通过最小规模的探索知道要素由静止到运动、由孤立到联合的状况，要设置必要的试验程序达到能够把握的程度。

没有通透就一定没有成功。只有通透，才能发现切入项目的门径而看清运作过程，才能使复杂变得简单而抓住生存的关键，才能知道需要资金数量而渐次投入，才能知道目标市场而预见前景。只有通透，才能使项目的一切得以显露，才能做到底气充足、目标坚定、全力以赴、不遗余力、一门心思、一干到底，直到项目成活。

灵魂资本，通俗的理解为：创业所需要的资格、本事、能力。准确的解释为：生化资本要素和谐，整合资源优势，创造资本生命的潜质、力量、能量。这种潜质、力量和能量，对财富的创造与增加而言，是最具有资本性质的资本。

第二节　F资本的作用和意义

F资本的存在让创业者懂得，创业投资中的"资"应该是什么，只能是什么，必须是什么。知道了这一点，就拥有了一个全新的超越传统资本概念的资本观念：创业，是投入一种以智慧为底蕴的能力，是启动一个能量与潜质的开关。

一、F资本对要素资本的作用

F资本是怎样对要素资本发挥作用的呢？老子讲"万物负阴而抱阳，冲气以为和"，意思是万物都包含着矛盾，并在冲突中达成平衡。F资本统率着要素资本，而要素资本又是F资本形成的条件和形式。这是一对矛盾的统一体。我们用"冲和"的思想，来解释F资本对要素资本的作用。

1. 冲和的主体、对象和内涵

创业者好比是酿酒师，是冲和的主体；项目好比是老窖，装着要素资本，如水、高粱、酒曲等，是冲和的对象；F资本好比酒的酿造，是创业的智慧，是冲和的内涵，是人实现自我价值的目标。冲和，就是人通过F资本对要素资本进行驾驭和平衡。人们最终喝的是水、乙醇和其他醇、酯类化合物，但是人们既不叫它水，也不叫它乙醇或酒精，而是把它称为酒，因为它有着酒的灵魂，不同于一般的水。

冲和的行为主体是创业者，是F资本的载体；冲和的对象是要素资本。在主体与对象之间，是冲和的内涵——F资本。F资本是作为冲和的模式作用于对象。因此，冲和的对象就是一个项目软、硬资本的总和。而冲和本身，就是形成 F 资本，并且利用它来驾驭、统率、集成、整合这些软、硬资本的过程。

2. 冲和的作用、过程和结果

冲和的作用。F 资本作为冲和的内涵，要注入到资本要素之中，并赋予其生命的灵魂，是生化资本要素平衡、和谐的一种力量。这种力量就是整合要素资本的能力，融合资本优势的能力，在整和、融合的过程中的创造能力。这就像自然界中物质的形成。我们知道，物质是由分子构成的，分子是由更基本的原子构成的。是什么样的力量把不同的原子结合到一起？冲和就是这种力量，就是物质形成中的电磁力，是形成项目的内在聚合力量，是此项目区别于其他项目的本质属性。

冲和的过程。冲和是对要素的提升和优化。各种资本要素因其性质、功能的差异而各不相同。要融合它们，必然产生由差异引起的摩擦、碰撞、不合作、不兼容，甚至激烈的冲突。正是这样的过程才是结构重建的条件，即要素之间的汇集、融化、补充、渗透。从已经建立起来的新结构的角度看，这一过程正是对冲和对象的优化和提升，也是对要素成分的选择、分离，对优质的提纯与对劣质的淘汰。

这就像我们太阳系的形成过程。太阳本来是一团稀薄的气体，在引力的作用下不断向中心坍缩，在坍缩的过程中，它的压力、温度、密度等不断增高，到达一定程度，就会点燃核心的聚变反应，一颗新的恒星就此诞生。如果没有引力的作用，压力、温度、密度这些要素很容易就会使这些稀薄的气体四散分离；没有温度的对抗，没有它和引力的矛盾，太阳就会一下四散炸开。

冲和的结果。冲和是诸多要素之间聚合，进而生化成新的统一体，新的结构形式，生化出有灵魂的企业实体，达到"和"的彼岸。这是一种创造过程。创造是投资的高境界，而冲和的思维与冲和的实践，是撞击出创造火花的燧石，是创造得以发生的源泉。这是因为，任何创造都必定根植于已有的历史，即人类文明的积淀，而对要素对象的选择、取舍、排列、组合，正是一个新的生命诞生的过程。

3. 冲和是创造发生的路径

冲和即创造。冲和源于要素本身所具有的"和"的天然基因,即天地万物具有源于自然的"和"的内在倾向。这犹如天地之和生万物。从科学的发现到新事物的产生,无一不是天地万物具有"和"的内在倾向所致。从这个意义上,由冲和引发的创造,正是对自然积极和自觉的顺应,正是对人类文明的采集和利用。这是人与社会、人与自然相互关系的最根本之点。

所以,用冲和的观点来理解F资本对资本要素的作用,证明了F资本对要素的冲和是企业生命孕化的根据,是企业生命力永恒的源泉,是创业成败的决定性因素,是创业所必需的创造发生的基本路径。

我们讲这些,并不是故弄玄虚,而是对创业、形成F资本这一过程的抽象化,是辩证法应用于创业过程的结果。有了这样的抽象化过程,才能把相对肤浅的经验理论化,才能从个别应用到一般,才能在普遍性意义上指导创业。冲和的思想来源于我国的先贤,其中包含着事物运行的深刻规律。每一个市场都是民族性的,而只有民族的,才是世界的。中国创业学源自中华民族创业者的实践,植根于中华民族文明的深厚土壤。深入理解这样的思想,努力汲取前人的智慧结晶,是每一个创业者自我提升的重要组成部分。

二、F资本对创业实践的意义

F资本告诉我们什么是真正的资本,创业投资需要投入一种什么资本,由此产生对投资实践的全新理解。

1. F资本与软硬资本的区别

"万物负阴而抱阳。"物质作为资本的性质是外在的、明显的,是"阳"的一面;而F资本作为资本的性质是潜在的、不明显的,是"阴"

的一面。物质资本本身并没有增值的能力,相反,没有生产投入,这些资本在长期看会因损耗、通货膨胀、灭失、技术进步等因素而趋零。比如,铝因为难以冶炼,在中世纪铝制器具曾经比银质器具还要贵重;而到了今天,铝制品已是再熟悉不过的日用品。铝制品的价值,就在技术进步的过程中被消耗掉了。而F资本本身具有巨大的增值潜力,在运用中价值非但不会消失,相反会随着项目的成长趋向于无穷大。

任何形式的软资本,不论是技术、信息还是知识,其本身都不具有增加财富的能力,也都不是现实的可增值的资本,对价值的增加而言都只是一种要素。也就是说,软资本是以要素或资源形式存在的资本,是潜在的、可能的、将来时的资本。而F资本是超越软资本之上的资本,是统领和驾驭包括软、硬资本在内的一切资本形式的资本。作为要素的软资本,只有在F资本的介入时才是现实的、能够产生价值的资本。

2. 矫正"知识经济"的误导

当人们发现并强调知识对经济的作用时,便把知识与经济直接联系在一起叫"知识经济"。这对突出知识的作用无妨,但这样直接地把两个概念连在一起是经不起推敲的。

经济本身包含了知识。从古代的"经世济民",到严复用"经济"来翻译economy而给予经济新的含义,不论是"管理国家的收入",还是"生产、交换、流通、分配",都有知识的存在和知识的运用。经济是包括知识在内的资本要素组合的增值运动。改革开放以来,邓小平同志更是提出了"科学技术是第一生产力"的正确论断。这不仅把科学、文化、知识、技术,都归入到经济的范畴,归入到生产力的内容当中,并且进一步把它们提升到重要的位置。

知识中没有经济,知识不能成为可以独立增值的"经济"。"知识经济"之说引导人们把知识本身看成经济,使人以为只要有了知识就可以"经济"了,凭专业知识就可以创业了。于是有人仅仅依靠自己的专业知识创业,投资人也更看重创业者的专业背景及项目包装和演说,但通常的结果都证明:同知识本身代替不了经济一样,专业知识代替不了创业的能力。

知识到经济的转化。知识与经济间至少有三个转化：一是知识到技术的转化，二是技术到产品的转化，三是产品到市场的转化。这是三个不可逾越的过程，这三个过程的艰难程度往往不亚于知识本身的创造。越是高新尖端的技术，碰到转化所需要的条件就越多，这个过程就会越长。不仅如此，对于知识在不同领域的运用，还会使知识产生不同的结果。比如人们认识了核能，根据这个知识发明了反应堆用来创造新能源，也根据这个知识制造出了原子弹。这样不同的结果表明，知识本身到经济的转化并不是必然的，从知识到经济的路途是非常遥远的。

那么，是什么在促成知识向经济的转化？是F资本。知识作为一种要素出现在经济过程当中，它必须受到F资本的制约、统率，才能发挥出它要素资本的作用。没有F资本的统率，知识就无法主动实现增值。比尔·盖茨曾经说过，微软的几千亿美元都在他的脑袋里。我们当然不可否认，比尔·盖茨是一个高明的软件工程师，他在很年轻的时候就编写了MS-DOS操作系统软件；但是建立起微软这样一个软件帝国，靠的并不是他的编程能力，而是他的商业才华。比尔·盖茨的创业经历可以给我们很多的启示，其中最为关键的，就是他把操作系统的开发作为重点，顺应了PC走入生活的潮流。这种决策、选择，显然不是编程、货币资本、电脑设备能够代替的，这就是F资本的价值所在。也正是他的F资本，使他的知识、使同时代很多高于他的人的知识，变成了经济的组成部分，形成了今天的IT产业和他的微软帝国。

3. 提升创业投资的境界

F资本对创业投资的作用首先是确立观念。F资本的观念能够改变创业的轨迹，对创业者而言，则是改变人生的轨迹。冲和的观念可以提升创业思维的境界，使得看似毫不相干的要素之间，有了联系及融合的可能。这是思维活动多方向、多角度、多渠道、全方位的开放。创业者思维的拓展可从以下几点受到启发。

跳出去。专注于某一项目的策划时，可以有意识地冷却、搁置一下，保持一段距离，以便从既有的思维定式中跳出去，用局外人的眼光来审视它。

倒过来。把人们习以为常的创业过程的顺序颠倒过来。比如正常的顺序是：研发—建设—生产—销售。我们不妨从销售终端开始向前推进，这样的思路和结果会大不一样。

抓核心。这是从中间突破后再拓展。一切软、硬件的要素通通暂时抛弃存而不论，只选最核心最关键的事，全力以赴抓住命门，不遗余力地做好做成，以此为中心再去逐渐解决其他问题。

全抛弃。把一切正常程序所需要的硬件抛弃掉，不论是实物还是服务，不是自己去干，而是设计出来委托出去。自己只抓两头：要么是技术与设计，要么是网络与终端。

逆思考。对自以为满意的计划，从头到尾对逐个环节和相关问题进行否定。在否定中重新搜寻可以肯定的、切实可行的因素。思路在此过程中更新变换，新视野就会产生新感觉、新发现。

这样的境界提升，都是创业的实践过程，也是无数前人总结出来的经验教训。一个新手，一个大学毕业生，刚刚投身创业的时候，一定要、也一定会经历这样的实践过程。有了这样的过程，对F资本以及对创业的认知与境界才能得到提升，才真正具备了创业的资格、能力和本事。

4. 知道F资本积蓄的方向

F资本的观念揭示了，创业的本真是创造力。创造力来自于创业者积蓄的智慧和能力。有了这样的观念，对如何积累这种资本就有了方向。方向是在自己的思想里，是开发自己思想里的资源。把时间、金钱、精力指向思考，在思考过程中完成F资本的积累，获取创业的资格。积累的过程是注意力与实践的结合。注意力是至关重要的，实践体验更是绝对不可替代的。在注意中实践，在实践中注意，积蓄的关键——"悟"就会产生。

"悟"的产生是实践与注意的持续。人的灵感并不是与生俱来的，也不是等待出来的。人的灵感来自于长期的思考、长期的实践和关注。只有这样，灵感才会在不经意间乍现于创业者的头脑之中。没有长期的实践和关注，各种要素就无法在头脑中有效地碰撞，更不会产生任何灵感的火花。佛家讲究,"悟"来自于修行。人为什么要修行?不是为了不杀生而不杀生,为了不妄语而不妄语,而是以不杀生来养育慈悲之心,以不妄语来锻造诚实的品格。如果把不杀生、不妄语看作修行的过程,那么慈悲之心、诚实之品,就是"悟"的结果。同样的,长期的思考、实践,就是创业者的修行过程,而F资本的最终形成,就是创业者"悟"的所得。

书本知识要靠"悟"融入自己的思想中。人们对世间道理往往不是不知道而是做不到,而是在知道与做到之间少了"悟"的过程。没有"悟"的过程,已经知道的东西,就不能真正成为自己的需要,自然也就无法时时处处都做到,这就是事实上的不知道。学而不悟是可怕的,悟而不做是可怜的,而只学不悟又不做,只不过是为老子的"为学日益,为道日损"提供事实的注解。

总之,"悟"是积蓄的关键。"悟"的方式就是在思考中实践,在实践中思考。这是修行的过程。每个创业者,其实都是在修行,而修行的所得,就是F资本。有了F资本,创业者才真正地具备了创业的资格;而创业的实践,就是把资格转化为能力,把能力提升为本事,最终把本事变成一番伟大的事业,实现自我的人生价值。

第四章　灵魂资本的生成

F资本是一切要素的灵魂。它来自于实践的锤炼，来自于思维的灵感，是百炼成钢的淬火，是沙里淘金的洗磨。

F资本的内涵由三部分构成。一是把握项目的能力。创业者需要通过对具体项目要素的通透把握，实现要素间融合结构的创新，完成运转需要的平衡。二是献身创业的事业心。追逐远大的目标，实现人生的价值，需要创业者的勇气、信心、激情和坚持不懈、百折不挠的毅力。三是迈进门槛的资历。投身创业意味着人生的转折，在转折之前，就需要创业者积累自己的知识、能力、本事，获得创业成功的资格。

不积跬步，无以至千里。F资本的产生来自于实践，来自于思考，本身就是创业的重要组成部分。F资本首先是对人生目标的自觉与设定，接着是用心的实践，最后、最重要的是：要懂得创造发生的触点、支点和过程。创业过程中的一切问题都没有现成答案，都需要创造的能力。

第一节　F 资本的构成

F 资本并不是神秘玄奥的信仰，而是现实可感的历程。它可以具体化为三个部分，一是把握项目的能力，二是献身事业的心力，三是迈进门槛的资历。

这三个部分是由表及里的三个层次。把握项目是思考的成果，献身事业是信念的支撑，迈进门槛是历练的结晶。这三者相互联系，浑然一体，构成了 F 资本的内容。

一、把握项目的能力

当人们谈项目的时候，首先会问要投入多少资金。会干，投几万元就能够运转起来；不会干，投再多的钱都有可能血本无归。可见，一个项目的成功，来自于对项目的通透把握。把握了项目的内涵、精髓，就具有了搞这个项目的资本。把握项目包括相互关联的三个层次：通透要素、界域创新和资源平衡。

1. 通透要素

这里的要素是指一个特定的项目所包含的不可再细分的元素。项目不论大小，都包含着若干构成的元素，这些元素在项目中发挥着各自的作用。要想对这个项目有所了解，就必须对其中的每一个元素有足够充分的认识。它们各自发挥什么作用，它们之间是怎样的关系，都需要心中有数。

创业是一个生死存亡的领域。如同两军对垒，指挥官要了解对方的兵力、布置、阵形，要了解战场的地理、天气，要了解对手的风格、禀性，还要了解自身的各方面特点。兵法有云：知彼知己，百战不殆。创业更是这样，要做到知彼知己。知彼就是要了解项目需要哪些要素，这些要素还可以进一步细化成哪些元素，它们在项目中不同的地位和作用是什么；知己就是要了解自己拥有哪些要素，还需要哪些条件，这些条件如何获取，会遇到哪些困难和问题等。只有彻底地把握了这些要素，项目才有了成功的条件。

对相关要素彻底地通透并不容易，有些要素还需要在创业实践中才能逐步领会通透。但是，对主要的要素必须搞明白。比如项目是关于产品的，技术和市场就最重要。对技术，要弄清先进与否，成熟与否，与核心技术匹配的技术是什么，与技术相关的工艺、设备、工具是什么。对市场，要弄清楚目标市场的规模、构成，消费者最迫切的需求，产品与需求的对接程度，市场对新产品的接受程度，市场的现状是怎样的，渠道应该如何去建立等。这些内容，关系到技术转化为产品质量与功能的条件、在制造中标准化的可能、产品的附加值、投资金额的多少、时间的长短，关系到生产的规模、产品投放的周期、功能的设定、产品差异化的选择，进而关系到整个创业计划的制订。

所以，我们认为，通透要素是一种资本，是实现要素创造性整合的前提，是 F 资本的重要构成部分。

2. 界域创新

项目所包含的各种要素之间有关联、交错与重合。这些关联、交错与重合的地方就形成一个特殊"域"。一个项目有几个甚至多个这样的"域"。界域，是指独立要素之间相互连接的交会点。

界域有大有小。项目元素之间的连接是小界域，小界域之间的连接是中界域，中界域之间的连接是大界域。比如，用电对布匹进行切割，在电与布匹的联系中产生的新工具，这个工具就是小界域。把聚乙烯和橡胶化合而产生不同型号、用途的树脂，化合所需要的工艺条件是一个中界域。科技成果与商业运作的结合部，优势互补而产生的合作内容，网站连接生产与销售产生的平台等，是大界域。

凡是独立要素之间有相互结合的地方都会产生界域。界域有时是对已经确定的项目而言，既然项目已定，要素自然成为界域元素；有时是对项目的选择而言，可以从要素出发去创造界域，也可以从假定界域出发去选择元素。

界域是创造发生的地方。项目本身的差异决定着要素的差异，要素的差异决定了界域的特殊性，决定了任何界域的产生都是一种创造。在市场上，存在非常多的同类公司，比如很多公司都生产汽车，很多公司都生产服装等。这些同类公司所需要的要素是相近的，甚至是相同的；但是，即使完全相同的要素组合，都会因市场、规模、目标、时期等的不同，而产生新的界域。

比如，在制药界有研发公司、生产公司。研发公司要对多种多样的化合物进行试验，最终选型成功，得出一种化合物用于医疗，成为定型的药品。在它的专利保护到期之后，就会有很多生产公司根据这个药品的化学分子式来制造同样的药品。而即使这些同样的药品，市场上所见到的也是参差有别。反映到制药厂层面，就是这些制药厂用同样的要素资本，制造出来的药品质量不一，成本不一，价格不一。这就说明，在这些制药厂中，完全相同的要素，组合产生了完全不同的界域。

界域在把握项目对象中有承上启下的作用。承上，是界域对项目要素而言，它赋予要素新的活力与生命，是要素的深化与升华。界域的质量取决于对要素的把握。把握得越深、越透，创造力的发挥就越有效，成果就越丰富。启下，则是界域对资源平衡而言具有直接作用。界域就是要素的整合成果，对于一个项目如何利用资源、实现冲和，有着非常重要的，有时甚至是关键的作用。

3. 资源平衡

"冲和"中的"冲"，指的是矛盾，是表现；"和"指的就是平衡，是结果。平衡就是对界域间资源的协调。界域之间的资源协调是运转的条件，而运转是项目成活的标志。可见，资源平衡中的运转是建立在界域之上的，平衡是对运转及企业的成活起着基础作用的环节，也是能否把握项目对象的最终体现。

平衡是运转的条件，运转是创业的最直接目的，也是项目的生命。失去运转，项目的一切都无从谈起。而运转本身就是各个界域间资源的平衡运动，离开平衡，项目就会在运转过程中迅速消耗，最终失败。这是因为，项目的所有要素、界域都不能独立发挥作用，而是需要在资源平衡的过程中实现循环。小的不平衡会造成要素资源的浪费，而大的不平衡会导致系统的崩溃。这就好比一个流水线的设计。某个流水线需要A、B、C三个工序的半成品，其中任何一个半成品生产不平衡，其他两个半成品生产得再多，流水线也运转不起来。

所以，平衡的重点就是补板。补板是指发现并补足系统中的薄弱的环节。我们都知道木桶原理，即最短那块木板决定了木桶的容量。补板就是要把这个最短的板补起来，与其他木板相平衡、相适应，这样才能使整个项目顺利运转。否则，其他的部分再强大也没有用。一个好的创业者，不仅要善于迅速发现薄弱的环节并且解决问题，更要善于前瞻性地意识到，项目可能出现什么样的薄弱环节，事先想好对策。这本身就是对要素、对界域通透的一种表现。就像一个企业的管理，管理者要在日常行为中发现问题并及时解决，把解决的方法规律化、规则化；管理者还要事先意识到日常流程中容易出现什么问题，在问题出现之前就制定出相应的规则。

二、献身事业的心力

经济学原理基于人的理性选择。人选择的依据，就是利益的最大化。这里需要强调的是，经济学所指的利益，并不是狭隘的、金钱化的利益。一个慈善家通过捐助他人，因自我价值的实现而获得心理上的愉悦，这种愉悦对他来说，就是比金钱更重要的利益。从这个意义上说，经济学并不是庸俗的理解。人的选择基础是利益，利己是人的本性，它来自于生存的需要。人生活在群体之中，所有利益都要通过交换来实现，这就决定了单方的利益是无法实现的，人在利己的过程当中必须利他。

1. 利他是通往成功之路

企业是人的放大。在社会关系中,利己与利他是统一的,并且利他是利己的前提。每一个项目,都必须有利他的因素,都必须把利他放在思考的前端;一个项目只有实现充分的利他,才能实现真正的利己。

利他就是一个项目在市场中的存在价值。我们不必纠结,既然利他是为了利己,是否就把利他当作手段、利己当作目的了呢?利他和利己如同一枚硬币的两面,独立存在但又不可分割。一个项目要把产品和服务投放到市场,这些产品和服务肯定对他人产生了利益。消费者用手中所持有的利益,和他人进行交换,实现利益的流动,市场才能运转。比如说,A 用 10 元钱向 B 买 2 斤米,根据自身利益最大化原则,我们可以判断:对于 A 来说,2 斤米比 10 元钱的价值大;对于 B 来说,10 元钱比 2 斤米的价值大。没有这样的价值比较,双方就不会交换彼此的利益;双方通过利己的交换,也实现了利他的结果。市场并没有等价的交换,而只有出于利益不同认知的、实现利益最大化的交换。

这样,我们就能确认,利他与利己并非是对立的,也不是手段和目的的关系,而是市场交换的自然结果。也就是说,我们既可以把利他,也可以把利己视为社会关系中的最高行为准则,这是市场的规则。而市场中利益的自由交换,是人类智慧的体现。

每一个项目、企业的存在形式,都是为市场、为他人提供产品和服务。因此,创业者就需要把如何利他当作项目的核心目标。只有这样,项目才有可能取得成功。同时,我们还要意识到,利他并不是一个阶段性的选择或目标,而是一以贯之的,发生在项目的始终。利他既是一个项目的出发点,也是一个项目的归宿。

2. 事业来自于献身的心力

通过前面的辨析,我们明白了利他和利己的不可分割性。这也就使创业者明确了,创业的过程,就是如何利他的过程。这并不是要求我们去占据道德上的高地。利他、利己,在经济学上并不具备任何道德价值,它只是自由交换的市场结果。

于是，我们就应该而且能够意识到，一个没有利他之心的创业者，也就不可能具备创业的精神。因为他所设定的目标、采取的手段，不是想通过市场交换，而是想通过其他方式获得利益的实现。这就要求一个创业者必须把每一个项目当作事业来做，只有如此，才能以一以贯之的利他之心，实现市场上的成功。

这同时也表明了，利他之心，就是创业的精神所在。既然如此，就要求创业者把全部的精神、心力、思想，都聚焦到如何利他上面，这无疑是一种献身事业的决断。没有这样的决断，就不是一个真正意义上的创业者，而是一个借创业之名、行投机之实的失败者。有了这样的决断，才能打造出有价值、有创见、有目标的F资本。因此，把创业当作事业，为事业献身的心力，是F资本的重要组成部分。

三、迈进门槛的资历

冰山不为狂风巨浪所颠覆，因为它庞大躯体的十分之九隐藏在海平面以下。生命的航船一旦进入创业的水域，蕴藏在身体内的潜能就会被调动出来，产生爆发的力量，直到超越极限。长跑，能否坚持下来取决于你的体能素质。在创业的万里长征中，创业者的素质是基础，是F资本构成的重要部分。

1. 基础资本源于生命的长河

基本素质从哪里来？它好比日夜流淌的江水。能浩浩荡荡，是因为它有源头。源头只是一条条溪流，行进中汇入了来自山川峡谷的水流，才有了川流不息的大江大河。生命如同溪流在时光中流淌，行进中不断地汇入了许多东西：知识，对世界的理解；智慧，认识社会的能力；品格，与人交往的诚实守信的行为准则；自信，为理想奋斗的勇气；机智，处理问题的灵活与变通；善良，在亲情友情中懂得关心别人；勤劳，吃苦耐劳去创造财富；务实，脚踏实地干实事，等等。这些内容融合到一起，就是一个人行世立人的根本，也是一个创业者投身创业的资历。

"故天将降大任于斯人也，必先苦其心志，劳其筋骨，饿其体肤，空乏其身，行拂乱其所为，所以动心忍性，曾益其所不能。"生命途中也会经历贫穷、苦难、打击、损失、挫折、屈辱、伤害、不公平。这些可以让人更加深刻地理解社会与人生，爆发出抗争的力量与奋起的冲动，造就无畏与勇敢，激发出人的潜能，打磨人的意志，培养人的坚韧。所谓基础性的东西就是这些。就是这些东西的有无、多少，构成了人的基础素质，也构成了一个创业者的资历。

2. 基础资本可用性来自量的积蓄

基础资本对于具体的人来说是稳定的。当然，稳定是相对的，因为人是变化的，活到老就要学到老、改造到老、变化到老。一个具备创业精神的人，总是不满意现在的自我，不断地否定、突破、开发与创造自我，整个一生都在为追求新自我而奋斗着。对基础中质的东西可以置换，即所谓观念更新。对量的内容，则需要通过积累来实现。只有通过长期的积累，一个人生命中质的部分，才能够得到量的扩张，才能干成一番事业。能量积蓄得越多，则冲击目标的力量就越大，就越可派上大的用场。

人在其生命进程的某个时期，拥有的能量是一定的，这就是个人的历史局限。知道了这点，创业者可以有两种选择：要么把历史顺延，有意识地强化积蓄，使其达到一定的量；要么则量体裁衣，有多大积蓄做多大的事情，在创业的过程中继续加强积蓄。不论是哪一种，积蓄永远是基础性资本。

有了这样的量的积蓄，F资本才有形成的基础。把握项目的精髓，创造性地整合、融合各种资本要素，实现要素之间的冲和，就需要这样的经验积累。或许有些经验看上去与创业并不相关，而当它发挥作用的时候，创业者才会意识到它的强大力量。中国有句古话说得好：天道酬勤，功不唐捐。

3. 原始的资本是火药和引信

对创业者而言，最重要的积蓄或素质是什么呢？把素质说得越多就越是挂一漏万。说得越多，似乎创业者就越成为高不可攀的完人，创业成了只可仰视却不可跨越的高高门槛。其实，创业的真正本领恰恰是在干的过程中锤炼摔打出来的。创业者在进入这个领域之前应该具有的东西是什么呢？三桶火药与一只引信，足矣。

三桶火药是一个正常人都具有的基础资本。首先是品格，即良好的人格形象。它是人与社会交往的品牌。创业者的影响力、感召力、带动力都源于这里。其次是实力，这里主要不是指有多少货币，而是指干事的能力，如坚强的意志、坚韧的秉性、坚定的自信、吃苦的习性、务实的作风、专业的技术等。最后是心力，即思维能力，包括认识、处理、创造性解决问题的能力。这三条是许多人都具有的，是一个人通常处于隐藏状态、不具备充分发挥条件的资本。它需要一种力量来刺激、压迫、撞击才行。与火药相对应，这种力量就是它的引信。

引信———一个梦想。梦想可以很抽象也可以很具体，它有时是追求自主、自立、自强的渴望，有时是必欲成就一番事业的烈火，有时是拼死与命运抗争的决心，有时是一个非常具体的目标。是梦想燃起奋斗的激情，是激情积聚了能量，是能量推动着事业的创立。

第二节　F资本的打造

创业是个人适应社会最积极的行动。在创业过程中，创业者要调动全部的能力、心力，去认知、理解、创新、把握项目，是创业者所有人生收获的集中迸发。而这些内容，都表现为创造力。是创造力生成了F资本，生成了资本之魂。

创业的三个规律都离不开思考和实践。创业的基本问题——魂和根，要靠思考和实践的锤炼来解决；创业的基本过程——选项、模拟和运转，无时无刻不包含着思考和实践；创业的基本矛盾——F资本的打造和滞后，要靠思考和实践去破解。尤其是先导性的资本之魂——F资本，更是直接来自于思考和实践。我们要创业，就必须用思考和实践，经过对目标的思考、实践的锻炼和创业的成果，去打造项目的F资本，熔铸资本之魂。

一、目标的设定

目标是一个人思考和实践的目的。目标是远方的目的地，思考和实践就是人的双腿；目标是九万里云山，思考和实践就是大鹏的双翅。《庄子·逍遥游》说："鹏之徙于南冥也，水击三千里，抟扶摇而上者九万里，去以六月息者也。"南冥就是大鹏的目标，而水击三千里、抟扶摇而上九万里，就是思考和实践的路上所遇之奇景。

F资本的打造，就是一个从思考、实践到目标的由此及彼的过程。有了一个明确的目标，才有对这个目标的分解，项目才能具体化，F资本的打造才有对象和依托。所以，打造F资本，首先从目标的设定开始。

1. 没有目标就没有路径

设定项目的目标,才能对目标的可行性进行分析。目标包括必要性和可能性两个范畴。在经济领域,项目的必要性,就是市场需要什么;项目的可能性,就是能为市场供应什么。这就决定了,目标必然是现实的、具体的。有了这样的目标,才有实现的路径。从项目的必要性出发,设计产品和服务的功能,细分市场并确定目标市场,对消费者的心理、需求、反应等有充分的了解、把握,进而实现产品和服务的定型;从项目的可能性出发,整合各种要素资本,优化要素资本的配置,才能打造出 F 资本——资本之魂。

有了这样的目标,才能有具体的行动,才能有可行的计划。计划一步步展现,就形成项目创业的路径。所以,我们强调,目标是一个先导性的存在,有了目标才有后面的一切。

2. 选择目标是开创自觉的人生

目标是自觉、自主的选择。人只有在选择当中,才能实现自由,才能实现多彩的人生。那么,如何选择一个目标?

选择目标,就是创造个人切入社会的端口,找到个人与社会相结合的点。这个结合的点,就是市场需要什么、我能提供什么这两个问题的交汇点。这也就是说,创业者要做到知彼知己。知彼,就要对社会未来发展趋势有充分的认识,发现社会、市场的各种需求,特别是能够对潜在的、空白的需求更加敏感,就能快人一步,取得制胜先机。知己,则要清醒地审视自己,有什么样的基础资本、什么样的资历、积累了哪些资源,有什么样的优势、兴趣、知识、能力,有怎样的性格、心理、意志,有怎样的心力、精神。经过这样的思考与契合,再去分析项目的要素、界域、资源等诸元素,展开 F 资本的打造。

从选择目标开始,创业者进入到一个新的人生境界。比起过往理想化的甚至是梦想一般的存在,目标更加具体,更加自觉,更富有人生的活力和动力。

3. 对目标的论证要详尽与充分

既然选择目标事关人生，就必须以慎重态度对待，要经过一个充分的论证过程。在这个过程中，要舍得花时间，用几个月甚至一年去论证都是值得的，所谓"磨刀不误砍柴工"。要严格地审视自己，慎重地判断社会走向，捕捉初露端倪的苗头。要静下心来进行调查研究，寻找事实根据。只有这样，才能使"认识—判断—目标"坚实可靠，至少是自己心里踏实、确信无疑。

选择目标的过程是艰辛的。要经过多次的思考、淘汰、再思考、再淘汰的过程，才能确定奋斗的目标，并具体化为项目。不仅如此，为了验证目标的可靠性，还要进行必要的测试。信心就从选择目标的过程中产生。有了植根于思考和实践的对项目、对目标的信心，才会全力以赴去实践它，才能在朝着它奋进的途中不犹豫、不徘徊、不动摇，才不会遇到挫折就改弦更张，才能一门心思干到底。

有了远期的目标，还要分解成几个中期目标，每段时间以 2~3 年为宜。这样，既可服务于最终目标，为最终目标奠定基础，还有了并不遥远的里程碑，局部的突破指日可待。

4. 向目标前进是意志的力量

意志是人的意识向行动的转化。目标的确立标志着这种转化的发动，标志着一个自觉行为的开端，相当于轮船起锚开航，相当于万里长征走出第一步。目标一旦确定，意志的力量对目标的实现起着决定性作用。

首先是坚定。人的一生中，时时刻刻面临着偏离目标的诱惑，而坚定的信念，就是抵抗这些诱惑的精神力量。一个人有了目标，实现了人生的转折，要让这种转折结出硕果，就必须以坚定之信念，朝着目标不断前进。如同登山者向顶峰发起冲击，如果中途随时休息，意志力就会逐渐耗尽，最终无法登顶。一个成功的登山者，则必须根据目标、环境、天气、体能等因素为自己设定阶段性的目标，不达成目标决不停息，才能最终领略到无限风光和高远境界。

其次是勇敢。在向目标前进的漫漫长路上，面对的是一个变化着的世界，有着许多不可预测的情况。由于目标的实施，创业者的生活将会随之改变。改变了的生活很可能与以往的生活习惯、交往关系、工作方式、生存环境，发生摩擦碰撞与矛盾冲突。这时，意志的力量就表现为有勇气去调整它们与目标一致。勇敢更多地表现为克服前进中的困难。要懂得一条定律：前进与困难是同一问题，前进就一定会遇到困难，战胜困难本身就是前进。战胜困难需要意志，而意志的坚定又只有在战胜困难中才能完成。

最后是实力。意志本身就是一种实力，是实力重要的组成部分。有了实力，意志的坚持才有支点；有了意志，实力的发挥才有依托。就像在体育竞赛当中，一个人的实力决定了他能够站在赛场上，能够有机会去夺得锦标；而一个人的意志，将决定他的临场发挥，和实力一起最终决定运动员的成绩。人生就好比一场体育竞赛，有的人中途退出了，有的人坚持到了最后，有的人获得了闪闪发光的奖牌。而决定这些的，就是实力和意志。

总之，目标和意志是不可拆分的。目标使意志得以产生，意志能生化出充满天地之间的浩然正气，这至大至刚的正气又在不断地推动着目标的完成。

5. 目标是创造力的源泉

目标是一种可欲的对象。意思是说，它能完成，但现在还没有完成。所以，目标肯定与现实、与目前状况存在着距离，向目标前进是不断缩短这个距离。为了实现最终的目标，通常的做法是把大目标分解成若干的小目标。分解后的小目标将会更加具体而清晰，与现实的距离更近。调整与缩短这个距离就成为问题的全部。在这个距离中间，存在着许多矛盾和困难，解决这些矛盾与困难通常是没有现成方案的。

所以，目标的完成过程，就是一个创造力发挥的过程。而人为什么会产生不断的创造力，就是因为目标在推动。完成目标的渴望，完成目标的信心，完成目标的行动，会激发和调动人的一切潜能，让人迸发出强大的动力，创造性地走出实现目标的每一步。

二、有心的实践

目标一旦确定，不可犹豫、不可胆怯，剩下的就是一个字：干。创业之"道"的前提是实践，离开实践则一切无从谈起。老子说"上士闻道，勤而行之"，解决创业中的一切困难，积极的行动是唯一的选择，唯一的道路。

1. 教育的无奈

F资本的核心是创造力。创业行为都是特殊的，即便是成熟的项目，也是在特定的时间、地点、环境和资源条件下进行的。在运作项目的过程中，所有问题都没有现成的解决办法。而学校的应试教育，把受教育者引向接受现成答案，这固然可以奠定专业知识的基础，形成一个人规范的技术能力；但是，这样的教育很难激发出人的创造力。我们必须认识到，学校教育是抽象的，而经济现象是具体的，学校教育不可能覆盖到所有的选择，为整个人生提供答案；它只是给人们一个工具，让人学会如何去选择、如何去创造。

就像中文系培养不出作家一样，经济系也培养不出企业家。即便是以讲案例为主的MBA教育，虽然把实践拿到课堂上是进步，但课堂上的实践终归不是真正的实践。只能期待案例中的成功能在实践中得以激活，模式与模型能对实践有所借鉴。期待终归是期待，理论的深刻让人慑服，但震撼之后仍然是麻木，遇到较真的时候仍然是茫然。

2. 唯一的途径

"自古华山一条路"，实践就是打造F资本的唯一途径。关于实践对意识的作用，思想家有深刻的论断：实践的能力只能在实践中获得。知识可以通过读书获得，能力只能通过实践获得。知识离开实践就像花儿离开土壤而无以生根。驾驶汽车、操作计算机、学外语、写文章、骑自行车的能力，离开实践就完全无从获得。音乐家能分辨细微到 1Hz 的频率差别，染色工能指出 20 种黑色的名称，都是实践的结果。为了获得创业能力，创业者只有主动地去经历实践的磨炼，寻找那些最困难、最害怕、最不敢做的事去做，勇敢地去尝试未曾经历过的事情。

F 资本来自于实践，思考也是实践的过程。我们思考一个问题，是因为它有实践的基础，有付诸实践的必要和可能；而思考的源泉，也来自于一个人既往的实践。打造 F 资本，就需要创业者投身到这样的实践当中。

3. 用心的实践

《荀子·劝学》中有一句话，说明了用心的差别："蚓无爪牙之利、筋骨之强，上食埃土、下饮黄泉，用心一也；蟹六跪而二螯，非蛇鳝之穴无可寄托者，用心躁也。""一"和"躁"，就是指不同的用心状态。在实践当中，就必须有心、专心。有心的人能从自己的、他人的经历中汲取营养，获得进步；而无心的人，一辈子干同一件事，也仍然处于很低的水平。这就好比下围棋，有的棋手进步非常快，能够从每一局棋中获得进步；而有些棋手下了许多年棋，水平仍然在业余一段以下，虽然看上去好像非常熟练，下得非常快，可是每一手棋都没有任何思考，仅仅是依靠惯性。专心的人则能够从大处着眼、从小处着手，获得别人觉察不到的体验，获得别人领悟不到的深刻道理。"世事洞明皆学问，人情练达即文章。"洞明和练达描述的是用心的经历，学问和文章就是用心的成果。

4. 历练的土壤

实践是具体的，要有一个很具体的事情把心投放进去，才能有所用心。

社会是最好的学校，每个人都是它的学生。任何一个创业项目无论它做什么，都生存在市场经济的前沿；无论它的规模大与小，都是五脏俱全的实体；无论资金的多少，都是对资源的整合。这些，对于不同目标的创业者来说，都是历练的土壤。

有心的实践者首先是有好的心态，以快乐、积极与开放的心态，把打工看作是学习的机会，把公司看成是一所学校。在这所学校，不是花钱去体会那些坐而论道者的玄妙高深，而是借山修炼你的创业功夫。有这样的心态，你自然会看重工作本身的报酬而不是薪水的多少。

一个有心创业的人，打工的时候就要用心去历练。要思考企业中的一切，体会老板的用心，判断企业的得失，桩桩件件为企业着想。认定了某个大势和自己的优势有结合点，打工就会有很强的针对性。在此间完成市场经济的洗礼，实现观念的更新、经验的积累、本领的提升、自信的增强；在此间体会做企业的艰辛，懂得创造的重要，完成独立创业所必需的F资本的初级准备。

三、创造的条件

创造力的培养是普通教育很难做到的。创业者要通过探索创造发生的过程，发现创造产生的条件，获得创造的能力，再通过创造的能力，把不可能变成可能。解决问题就是一个创造性的过程。比如遇到具体问题时，首先要弄清这个问题本身，透彻理解与之相关的问题，然后确定解决问题需要的条件，最后是运用创造性的思维——设计并细化解决问题的方法。

1. 创造产生于摩擦

创造就像化学反应，物质之间产生接触、摩擦，产生化学反应后，放出光和热。摩擦就是对创造发生的瞬间、过程、条件的形象概括。在摩擦现象中包含三个条件。

一是距离。摩擦是两个物体的碰撞。任何创造都有一个具体的问题、困难或矛盾，总之是具体的对象。这个对象就是目标与现状之间存在的距离，距离是摩擦发生的根据。二是实践。摩擦这一对矛盾是从实践中来的，是实践使问题、困难或矛盾得以产生，是实践把矛盾的双方——目标与现状拉到了一起，使创造对象得以产生。三是思想。摩擦的动作是受思想支配的。有目的的实践产生创造的对象，解决问题则要靠思想的力量，是思想调动一切经验和知识来解决问题。

摩擦是不同元素之间发生接触、碰撞，进而迸发创造的过程。物理与数学的摩擦产生了计算机，生物与化学的摩擦产生了基因工程，冷气流与热气流的摩擦产生了雨雪，工艺技术与质量功能的摩擦产生标准，计算机和计算机的摩擦产生网络。所以，创造产生于摩擦，没有摩擦就一定没有创造。

2. 创造过程的描述

有摩擦不一定有创造，不是任何物质放在一起都会发生化学反应。创造的决定性因素，还是思想的力量。

（1）创造发生的时序

创造的发生有先后顺序，依次出现三个阶段。一是目标引发实践。是目的使行动得以开始并产生实践。二是实践引发摩擦。相互对立的具体对象之间的矛盾碰撞产生摩擦点。三是摩擦点引发创造。摩擦点使时间、精力、体能、知识、技术、经验高度聚焦而点燃了思想的火花，使创造得以发生。摩擦引发创造是因为摩擦引入了思想。创造发生的完整顺序是：目标—实践—摩擦—思想—创造。

（2）创造媒介的更替

在创造发生的三个阶段中，存在着目标发动、实践引导、思维介入这三个媒介。它们依次出现，各司其职，然后自行退出。第一个媒介是目标发动。它是创造的起点，是创造的发动者。是目标把理想与现实进行连接，才引发了实践。第二个媒介是实践引导。实践的进程中，人们不断地遭遇、发现、寻找到矛盾，把矛盾的双方联系起来，把实践引导到思考。第三个媒介是思维介入。实践把思维引导到这里，使思维介入具体的矛盾之中，激发出人的创造力，使问题最终得以解决。

（3）创造主角的推出

在创造过程中，前两个阶段中的两个媒介——目标和实践，其作用是创造的准备与铺垫；它们的使命是使创造的目标得以产生，而不是创造本身的实现。能够在创造中起决定作用的是人的思维的力量。实践固然重要，但实践的重要是对思想的源泉而言，思想的意义是对创造而言。思想是创造的根源。

3. 思想力量的支点

创造所需要的思想从哪里来？知识与经验固然是创造思维的基础，但是，是什么使得知识和经验得以转化成为创造力，进而产生创造的成果？思想的力量需要支点，这是一种境界，是一种自觉；它来自于创业的激情，来自于由创业自主获得的自由。

（1）激情的催化

激情就是很强烈的感情，这种感情是强烈追求的力量。创业者选择了创业，这是一种自觉；有了这样的自觉，就需要创业者投身其中。而投身的含义，就是忘我的追求。有了忘我的追求，才能调动一切力量，激发一切潜能，锤炼钢铁意志，熔铸必胜信心。这些力量、潜能、意志、信心结合起来，就是人的激情。在这样的激情作用下，人的创造力才能被激发出来，思维的力量才能真正发挥出作用。所以，创业者必须拥有激情，必须以忘我之心去投身创业。

（2）心境的自由

创业是一个艰苦的历程，同样也是一个自由的历程。说它艰苦，是针对现实而言。创业需要面对过去不存在的很多困难，包括心理上的，也包括生理上的。各种劳累、困顿，各种期待、焦灼，是一个创业者所特有的、有别于普通打工者的精神特质。在这样的时候，创业者就需要用心境之自由，形成心理上的力量，去对抗这些负面的情绪，获得创造力的迸发。

（3）思想的自由

思想的自由来自于创业者的境界。创造力本身就是纵横驰骋、不受禁锢的。一个成功的创业者，必然也是一个思想上的自由者。而思想的自由，就来自于深入的、追究事物本原的思考。这是一个艰苦甚至痛苦的过程。爱因斯坦发现相对论，就来自于对"同时性"问题的深入思考，这样的思考过程无疑是非常艰辛的，而且是孤独的；而思想者的价值就在这样的深入当中获得实现，最终开出绚丽的自由之花。

创业者打造 F 资本的过程，就是目标—实践—创造的过程。有了远大而现实可行的目标，就要投身实践当中；在实践过程中融入思维的力量，以激情、投入、忘我、自由之心，激发出最伟大、绚丽的创造力，就能最终形成创业者的心血结晶——F 资本，资本之魂。

第五章　项目要素中的根

项目的根，就是一个项目的核心竞争力。如果说项目的魂把各种要素资本整合在一起、达到冲和的境界；那么项目的根就是这些要素资本中最突出、最关键、最重要的部分。把它称为项目的"根"，就在于它对项目的作用，就如同根对植物的作用。所以，根就是存在于项目要素之中的有质量的生命基因。

对于项目之魂——F资本来说，项目的各类要素是它的物质基础，而项目之根对于项目之魂的打造，就起着更重要的作用。根与魂的关系，如同刀与刀刃、生命与灵魂的关系：没有刀刃，刀无法发挥作用，没有灵魂，生命也就没有意义；但是，没有了刀的物质基础和生命的延续，刀刃和灵魂也就不复存在了。所以，魂与根是对项目不同层面——精神与物质——的描述。

魂与根是创业的基本问题。本章将重点论述关于项目之根的定义、内涵和作用。

第一节　根的存在

项目由诸多资本要素构成。在这些要素中，决定性的要素就是项目的"根"。这是一个项目最为关键的、最为重要的、最为突出的部分，是一个项目与其他同类项目相比具有相对优势的部分，是一个项目在市场上立足的基础——核心竞争力。一个项目是有生命的，根就是生命的基础、基因，它决定着其他资本要素如何配置、如何发挥作用。从这个意义上说，对根有意识、有目的、有计划的培育，就是资本之魂的生成过程。

对于一个项目来说，首先是有没有根的问题。有的项目根本做不起来，有的项目难以发展、苟延残喘，有的项目做得风生水起，为什么？根是魂之外的另一个重要原因，另一个决定性的因素。成功的项目就必须有一个健康的根，有没有根关系到项目能否生存。

然后是有怎样的根的问题。一个项目中，核心的资本要素是企业存活的基础，同时也决定了企业的基因、生命力。一个项目有怎样的根，决定了它能形成怎样的规模，拥有怎样的生存、发展空间。

一、实例分析

我们将通过以下三个例子，来分析一个项目中根的存在问题。

1. 在成长中夭折

创业凭什么？在竞争激烈的市场上立足要靠什么？靠的是一个企业的核心竞争力，项目的根。根系不发达就盲目扩张规模，就会在风雨中凋亡。

有这样一个新产品，它经历了整整 4 年时间的开发历程后夭折了。在这 4 年当中，该产品完成了 3 项技术的融合，成功地把技术转化为生产工艺和质量标准。在产品发展定型过程中，产品的直接生产成本，由最初的单件 14 元降低到 2.9 元，销售价格由 28 元降低到 8 元；产品功能做了 14 处改进，产品系列由最初的 5 种增加到 50 多种；产品的销售方式也从代理为主转向直销为主，从 20 多个城市集中转向到 3 个大城市，销售回款率从第一年的 15% 增加到第三年的 90%。就是一个这样的项目，在它生命的第 4 年却夭折了。直接原因是资金耗尽——以 14 元的成本制造的成品积压了几万件，遍地开花的代理经销商占用着大量货款。

面对这样的结果，多数人认为是项目不行，有的强调经营中的某个环节没搞好，有的是套用流行观点下死亡诊断。这些笼统的说法并未触及本质。究竟是什么原因呢？

让我们来做个假设：如果在产品成本 14 元时不大量生产，等到成本降至 2.9 元时批量生产；如果在入市通道上搞几个试验，取得局部经验再逐步扩展；如果在产品大规模上市前就完成 14 项改进——这个项目将会怎样？

于是可以得出结论，成本、市场模式和技术这三个问题关系到了项目的生死存亡。项目不是不能降低成本，不是不能找到成熟可行的市场模式，不是不具备技术条件。也就是说，这个项目是有根的。但是它为什么失败？就在于根的培育还没有到位。在根不发达的情况下急于求成，结果非常遗憾地失败了。

这个例子告诉我们，一个项目要有根，有根才能存活；一个项目更要重视根、培育根，要根据根的培育水平，来决定项目的发展方式和规模。这也就验证了，一个项目是要有根的，根的状态决定项目的发展阶段。

2. 在发展中收缩

观察创业行为，不论纵看历史还是横看当今，都有一个看上去是对立的现象，那就是发展与收缩。企业都希望扩大规模，然而很多企业因为扩大规模而失败了。在扩大规模的时候，创业者一定还要注意到市场、环境的不断变化，用根的思维去看待企业的发展、扩张。

有一家服装公司，企业在短缺经济时期得到了长足发展，由生产女式内衣，逐渐扩大到运动服装、男式夹克，并且每一个种类都形成了系列。同时为了把握销售回款和市场信息，建立了十几家专卖店。由于国际品牌的冲击，企业在竞争中败下阵来，连续三年处于亏损的状态。这个时候企业及时调整了战略——收缩。企业及时向品牌声誉好、技术含量高、发展潜力大、市场竞争少的品种系列收缩。

该企业选择了高档女士内衣作为主打产品开展二次创业，将所有技术、市场力量集中于此，运动装、夹克等产品线暂时退出，专卖店改为专柜。很快，在这个单一的领域，企业得到了更好的发展，销售额和利润比以前最好的时候还要高。企业起死回生了。

在这个企业长期的发展过程中，一直都并没有意识到根的存在；而规模、品系一旦收缩，根就凸现了。这是因为，创业首要的问题是对产品进行选择，选择依据的最核心的问题，是看它是否具有某种优势、特性，进而判断它的市场竞争能力。一句话，就是有没有根。对那些没有成本和功能优势、没有特色的产品要断然抛弃，因为它没有根。勉强干下去，即便有微利，但为它付出的管理精力、竞争资源、机会成本都过于高昂。尤其是对于一个创业型企业来说，更要把资源集中到一点上，创造更大的利润以实现逐步扩张式的运转。

企业掌握着独特的、核心的或特色明显的东西，就是根，就是企业的核心竞争力。在创业阶段，它不可能很强壮，但完全有条件加强它、培养它，突出它的地位、优势。加强了根，就拥有了发展的基础，就拥有了竞争的资格和别人所不具有的优势。

这个企业收缩战略的实施，是在严酷的现实压迫下，萌生了根的意识并付诸行动。收缩是为了对根的培育，是把有限的资源向根靠拢，以获得发展的权利和资格。可见，收缩战略的实施源于根，归于根。这就证明，根决定了企业的战略，决定了企业资源如何利用，决定了企业发展的方向，进而决定了企业的生死存亡。

3. 在完美中反省

销售固然重要，但很多时候，一个项目的根不是销售，而在于产品本身。产品的真实品质和效用决定了它在市场中的地位，而销售只是更好地去实现这个地位，把这个地位变成利润。这就好比足球比赛，销售即进攻，是把优势变成胜利的过程。而优势从何而来？当然是从平时的训练、战术素养、战略指挥、引进球星等这些技术问题中来。离开这些技术问题，优势就无从谈起；没有了优势，又怎么可能有胜利？

有一家保健品公司，管理者搞了一个完美的营销策划。第一步是科普。先是与媒体联手发消息、报道，多角度地给人们留下对某个产品的印象。接着请专家撰写相关文章，比如补钙、排毒、减肥、补肾、养颜之类。再接下来是患者的现身说法。第二步是铺路。在科普进行中建设销售网络。设计一个回报诱人又没有风险的代理销售模式，发"诚征"广告寻找和选择代理商，通过区域代理使药品的销售终端进入网络。第三步是跟进。迅速大面积地铺货，让产品在网络中铺展开来。第四步是广告。在铺货大体完成之际，准备好的产品广告便接踵而至。

营销计划是完美的，策划是有效的：销售收入迅速增长。可是，就在销售刚刚呈现出令人激动的势头时，噩耗络绎不绝：大面积的"塌方"以致全线崩溃，产品陆续从药店的货架上被撤下来。原因竟然是：疗效不如副作用明显。巨大的前期投入付诸东流，精心的营销策划功亏一篑。至此，人们会想起拉封丹寓言中"大山临盆"的故事：先是天崩地裂、雷鸣电闪、日月无光；接着是狂风怒号、飞沙走石、烟尘滚滚；再接着是山崩地裂、房倒屋塌、生灵涂炭——大山"分娩"了，生出一只小老鼠。

毫无疑问，这个产品在药理、药检都是通得过的。但是，产品的最后检验人是消费者。搞产品，根本问题是功能、质量，它的背后是技术。技术未必可以转化成效用，但实际效用必须有好的技术。可见，技术是功能效用的根，功能效用是产品的根，好的产品是销售的根。销售无论如何重要，也重要不过根。离开对根的关注、呵护、培养、打磨、充实、完善、提高，再好的营销也是无本之木，再大的响动也不过是"大山临盆"。

二、结果的背后

三个例子三种时态，不论是死掉的、发展中收缩的，还是刚刚起步的，在它们平稳行进时都感受不到根的存在。一旦发生变化，尤其是剧烈的变化，就会震荡灵魂触发思考。有深度的思考会把理性引向事物的本质：每一个项目都有一个生存条件、生存资格、生存权利、生存基础的问题，归根到底是根的问题。

1. 根的三个状态

如果我们有了关于项目之根的思维，对于创业项目的成败，也就有了一个分析的方法。大体上，创业失败在对待根这个问题上，处于三个不同的状态。

一是寻根。创业者在苦苦挣扎，却找不到突破口，这是为什么？这其实是在寻根，寻找项目的核心竞争力在哪里。找到了这个核心竞争力，项目就有了在市场上立足的资格。而始终没有找到核心竞争力的项目，就会始终不被市场接受，走遍一家又一家客户，最后根未找到身先死，这是一种糊涂死。

二是育根。创业者已经有了根的意识，并且找到了根。但是在这个当口，没有能获得培育根的条件，或者力不从心，或者条件不成熟，最后不得不放弃，这是一种明白死。

三是用根。创业者有根的意识、培育好了根，但是因为在寻根、育根过程中做出了错误的决策，致使到了该用根的时候，其他各种资源耗尽了，造成整个项目的失败，这是一种遗憾死。

2. 解决根的问题

看到了这三种死法，也就给了我们解决问题的可能性。一个创业者，首先要有根的意识，要去努力寻找项目的根。没有根的意识就不能发现根的存在，创业项目过大、过广，根就不能突显出来。所以，寻根的过程，要收缩，要集中，要敏锐。其次是育根。育根的过程，就是资源、优势开始集成的过程，优势开始显现并且成长的过程。这个时候，如果没有有意识地去培育根，而是急于求成，盲目扩张，项目就会夭折在发展之中。所以，育根的过程，要冷静，要权衡，要取舍。最后是用根。寻根、育根都是为了用根，用根就是要把优势发挥出来转变成为胜利。而这个时候往往需要大量的资源，是所有的项目要素资本发挥作用的时候。所以，创业者一定要有意识地考虑到各方面资源的平衡利用，并贯穿创业的各个阶段。在用根的过程中，要专注，要平衡，要投入。

3.根是平衡的条件

一个项目要在市场上立足，需要实现内外两种平衡。内平衡就是收支的平衡，外平衡就是交换的平衡。

（1）收支平衡

一个项目需要运转，而运转的含义就是要实现销售收入和资源消耗的平衡，然后才有所盈余、滚动发展。根是实现收支平衡的条件。一切的销售，都可以落实到产品和服务；而一切的产品和服务之所以能够实现销售，都在于它含有根的因素。没有了根，产品的功能和服务的品质就无法得到市场上的认可，也就无法实现销售，运转的平衡也就谈不上了。

（2）交换平衡

既然说市场是由交换产生的，交换是一个市场存在的方式，那么项目、企业进入市场，也就必须实现交换。根就是实现交换平衡的条件。没有了根，也就没有可供交换的价值。从这个意义上说，市场上交换的产品和服务，其实也就是不同的根之间的交换。根是企业的战略性的、核心的、关键的要素，有了这些要素资源，才能获得他人的青睐，才能获得交换的机会。

根是一个企业生存的基础，根是一个项目壮大的力量。没有了根，一切都是浮云。而有了根的意识，还要经历寻根、育根、用根这三个关键的阶段，每一个阶段都充满了陷阱，充满了错误。而那些能够从错误中不断吸取教训的创业者，才能继续前行。根是一个企业平衡的条件，不管是内平衡，还是外平衡，其本质都是根的交换。这就决定了，一个没有根的项目，是没有资格在市场上立足的，因为它没有可供交换的资源，在市场上无法得到实现。所以，创业者的要务，一是打造F资本，熔铸资本之魂；二是寻找、培育、使用项目的根。一个魂足根具的项目，才有可能获得成功。

第二节 根的内涵

创业者对根的认识往往比较感性，是从"这个项目需要哪些资源"和"这些资源中哪些最重要"来理解的。而项目的根，它的内涵是实用性的，是体现项目价值的。它主要由两个方面构成，一是项目获得生命权利的核心要素，二是以核心要素为基础的多种要素的综合。这两方面合在一起就构成了项目之根的内涵：决定项目生命的内在基质及其综合。

与通常所说的核心优势不同，项目之根是内在的和隐蔽的。核心优势往往被一个市场、一个行业，甚至整个世界认同，比如微软的系统开发、谷歌的搜索算法、苹果的产品设计等。这些都集中在一个点上面。而项目之根，是指以独特优势为核心的系统功能，比如微软以系统开发为核心的Windows操作系统市场，谷歌以搜索算法为核心的网络综合服务，苹果以产品设计理念为核心的智能手机开发与销售，这些就是它的系统功能。不仅创业的企业存在根，运行中的企业也存在根，只不过是运行中的企业，把根成功地转化成了核心优势。而我们回过头看微软、谷歌、苹果这三个企业，它们的根不仅现在发挥着作用，而且在产生、发展过程中，也发挥了根本性的作用，是决定它们生死存亡的关键。这就是一个企业、一个项目的基因。

一、项目要素中的优质基因

20世纪80年代，在中国的企业圈曾经流行一句话：人无我有，人有我优，人优我新，人新我特。这句话说得很有道理，讲出了一个企业立足的根本。根作为一个企业、一个项目的生命基因，就是存在于项目要素构成之中的核心要素。它所表现的，正是别人没有的、先人发现的、与人不同的、强于他人的独特优势。

1. 别人没有的

所谓"别人没有的"，就是指对某种资源的相对独立占有。市场经济是交换的经济，需求和供应之间的契合就在于有和没有。在商品经济日益完善的条件下，长期地独立占有某种资源的可能性很小，但也不是完全不可能。如果把"资源"定义得更加宽泛一些，创业者总是能够找到市场的空白。这是一个发现的过程，也是选择项目的依据之一。对这个空白的填充，也就是一个项目立足的根本。这大体上有三种情况：一是发现某种资源与某种特定需要的联系；二是挖掘某种资源新的商业价值；三是找到某个产品、服务和产业链条中的缺陷。

发现市场的空白，就需要商业的意识、敏锐的眼光、联想的思维。谁有这样的创新性思维，谁就能获得先机，获得在时间和空间上相对独立拥有的资源。这些资源可以是特殊气候的、特殊温度湿度的、特殊土壤成分的、特殊地理位置的，也可以是长期废弃的、失传已久的、要素相加而复合的，还可以是修补了原有产品中的"不"：不环保、不安全、不方便、不卫生、不便宜，等等。

2. 先人发现的

先人发现，就要对未来有所预见。每一个未来都是历史和现在的函数，对未来的预见，体现的是一个创业者理解历史、把握现实的能力；而每一个决策，都是对未来的预见，它的基础也都是历史和现在。创业者每天都要做的事，其实就是去预见。无视未来的趋势，就相当于把项目交给莫测的命运，任其自生自灭。

创业者可以据此去发现趋势：一是看惯性，事物的发展是有惯性的，现在怎样从过去发展而来，历史就会向哪个方向延伸，这就是惯性；二是看矛盾，抓住历史和现实中的主要矛盾和问题，看它的发展趋势，也就是未来的发展趋势。

创业者选择项目的依据，发现、培育项目之根的过程，都包含着抢占先机的因素。《孙子兵法·虚实篇》中说："凡先处战地而待敌者佚，后处战地而趋战者劳。"这句话的意思是，先到达战场就从容、主动，后到达战场的就仓促、被动。一个创业者面对的就是竞争激烈的市场，抢占先机就是要去发现别人还没有发现的，才能赢得创业的从容、主动。这是事关创业成败的大事。

例如，当前中国人口老龄化和就业问题日趋严重，这里面既有经济发展的因素，也有政策的因素。我们抛开这些原因暂且不论，这个现实就决定了，就业和人口老龄化是当前中国的热点问题，它就决定了资源、能源、环境、教育、城市化等诸多问题的走向。把创业的眼光和资本投放在这样一个大的视野内，跟定时代发展的大势，项目也就有了根。

3. 与人不同的

不同就是差别、个性和特殊性。一个项目的特殊性，可以是市场定位的、技术的、工艺的、传统的、原料的、材质的、款式的，也可以是资源整合产生新模式的。也就是说，不管一个项目所处的行业有多悠久的历史，有多少成熟、成功的企业参与竞争，它都有可能找到自己的个性，找到自己的特殊性。举个非常简单的例子，比如麦当劳、肯德基等连锁快餐店，它们每一个店都是非常相似的，执行同样的标准。而这些店为什么不是开一个就不再开了，而是遍地开花，开在每一个城市？这就是说，每一个城市都具备了空间上的特殊性，北京的麦当劳不能为天津的顾客提供服务。所以，这种特殊性并不一定是惊世骇俗的，而是随处可见的。

包括项目所包含的个体特殊，也可以形成与人不同的差别。比如一个会茶道的创业者，他开办一个茶艺馆，就可能吸引顾客来观赏；一个会瓷器鉴赏、擅长书画的创业者开办同样一个茶艺馆，也会拥有不同的特色。这样的特殊性，就是一个项目根之所在，一个项目立足的依据。

4. 强于他人的

市场经济是选择的经济，买卖双方其实都在选择。不同只是在于，卖方选择的是细分市场，而买方选择的是货比三家。这种比较就生出了差异，强于他人的东西就从比较中来。也许仅仅是非常细微的差异，就可能影响很大比例顾客的选择。强于他人的，就是在某个方面，比如质量、功能、外观、设计、成本、服务、价格等，高人一筹、优人一档、强人一点。特别是在完全竞争的领域，拥有了这样一点点的优势，足以让一个企业拥有生存的空间，甚至是制胜的法宝。

比如在零售商超行业，竞争是非常激烈而且充分的。世界500强企业沃尔玛公司有5000多家门店，它能够把管理费用控制在销售额的2%以内，这就为降低成本提供了充分的空间。而在商超领域，1%的价格差异，足以让99%的顾客做出相应的选择。这就是500强企业的真功夫。为什么能够控制在这个范围？它能够在保持货架充盈的同时不断地降低库存，它的总部像卡车终点站的司机休息室，可见它为降低成本而努力的背后，是明显强于他人的精神与管理水平。

二、多种要素综合而成的优势

综合，就是让项目的根发育成根系，从而产生难以复制的优势。在一个信息高度透明的市场，各种技术、资源、模式，都很容易被挖掘出来，被竞争对手复制。单一的要素基质，往往不能外化为有持久的商业价值的产品和服务。

这就需要创业者有综合的功夫。综合，就是把各种要素集成起来，融合起来，让它发挥单个要素无法发挥的作用，从而赢得在市场上立足的权利。

1. 综合就是把要素相加

综合就是把几个要素相加，以实现市场价值为目的的融合。我们看到，每一个企业都不是参与了整个行业所有的过程，它只是其中一个片段，还有上下游产业。那些能够创造性地把上下游产业各种资源整合在一起的企业，也就形成了自己独特的产业链，在市场上获得了更有利的位置和更大的发展空间。

综合就是利润的屏障。创业者在考虑项目盈利模式的时候，就必须考虑到利润源、利润屏障等问题，而利润屏障就是项目能够长期拥有立足权利的根本。没有了这个根本，项目很快就会被其他企业复制，并被成熟的企业利用它的优势击败。比如我们看腾讯的发展，这是一个很少自己开发项目的企业。它的基本产品QQ是"拿来"的，它的各种功能是在不断"拿来"中完善的；它的各种周边服务，比如下载来自BT和迅雷，空间来自MSN，游戏是收购的其他公司，甚至连很简单的"农场"游戏都来自于开心网。不管竞争对手如何评价，腾讯仍然是一个发展非常成功的企业，它能够"拿来"其他公司的项目并利用自己的用户优势迅速复制传播，首先是它具备这个能力、这个根——用户黏度和周边娱乐，这是其他人复制不了的；其次就是这些公司的项目没有一个是不能被复制的，都没有利润的屏障。这个例子就说明了，综合不仅是一个企业的根，而且是一个企业战胜竞争对手的利器。

综合是要素的相加，但并不是简单的相加，而是有目的、有计划、有组织、有选择地相加。离开目的、计划、组织、选择，这些要素就不能融合在一起，就无法形成有效的综合。

2. 综合是 S=F（A，B）

S=F（A，B）这个公式是对灵魂资本与项目之根相互关系的综合表示。（A，B）是软、硬两种资本要素的抽象，也可以理解为若干个优秀基质的集合，它还可以进一步扩展到A1、A2、A3、C、D、E……而F就是它的模式，代表了A、B不同于简单的相加、相乘的函数关系。这是驾驭资本要素的力量，是创业者的智慧和能力，对整合A、B起到决定性的作用。

S=F（A，B）的公式在这里有了更加具体的表示：创业，是F与A、B的关系。成败，不仅取决于F的存在和F对A、B的作用程度，也取决于A、B的基质。我们讲综合，不仅是要体现出综合来，体现出F资本来；而且，综合的效果如何，也仍然取决于A、B这些要素的质量。把一堆非常烂的零件组装起来，得不到一个好的机器，只能是一个烂机器；而没有组装，零件就是零件，不可能产生机器的功能。这就是说，综合既取决于怎么综合，也取决于综合什么。

作为一个创业者，从萌生创业念头到进行创业策划，到创业准备与计划实施，自始至终都要有一个根的意识。从创业成败的意义上说，根的观念是创业的根本观念。这个至关重要的观念有着深厚的社会渊源，对创业行为有着先导性的影响。

第三节　根的作用

既然根是创业发生的依据，是项目存活的先天条件，在创业之始就要有根的意识，把创造、寻找、培育项目的根当作创业的头等大事。创造和寻找到了根，项目就有存活的权利；培育好了项目的根，项目才能发展和扩张。否则，创业者就始终处于迷茫之中，无法找到发展的方向，或者在复杂的市场环境中迅速失败。

一、根是项目启动的依据

在创业之初，创业者就要有根的观念。与资本之魂 F 资本不同，项目之根是务实的，是要发现和培育的，是要用切实的工作来完成的。

1. 生命的基础

和植物的根一样，项目的根起到了决定项目生死存亡的作用。根往往不是一眼就能看见的存在，而是深埋在地下。在地下悄无声息发育的根一旦成熟，就有了吸收各种养分的功能，有了合成、贮存有机物质的功能。只有根苗壮有力，植物的地上部分才能显露出生机与英姿。

根作为利润屏障的重要组成，也为项目开创了一个相对温和的小环境。市场竞争如此激烈，任何一个企业的一举一动，都在竞争对手的密切注意之下。项目的优势总是暂时的，要利用好这个暂时优势打下生命的基础。

许许多多的创业者，急不可待地要表现企业的生机、姿态和色彩。他们注重的是枝叶的繁茂，却忽视甚至无视根的存在与发育。表现在创业行为上，热衷于轰轰烈烈，轻埋头苦干的有之；看重表面的虚荣气魄，轻资本质量与内涵的有之；先搞基本建设铺摊子，再充实完善技术工艺的有之；先进行固定资本投入弄出产品来，再找市场搞营销的有之；先买或租下门面堂而皇之开店，再磨炼服务内容的有之；先搭起架子完善系统，再寻找管理与经营模式的有之。

还有一些做法显然是接受了某种教育的影响，比如，所创之"业"还在酝酿、探索、不确定之中就开始组织"团队"。以"新企业创建"为根据，登记注册办执照、写章程刻印章挂牌子，租房子买电脑配备办公用品，忽略了是有"业"可"营"的时候才需要"执照"。而我们在前面讲过，在创业初期的相当长时间内，是无"业"可"营"的。

2. 着眼于务实

把创业付诸行动后，在时间安排和资金使用上，先做什么后做什么？根据什么区分轻重缓急？我们有了根的意识，根的观念，根的行动，也就找到了这些问题的答案。也就是要发现根、培育根。根，即关系项目生死的那一个或几个关键。先找到它，抓住它，解决它，然后再考虑其他方面的事情。根的问题解决好了，其他问题怎么办也就变得清楚了。

不同项目有不同的根，根有时候差别很大，表现也不尽相同，发现并抓住它也不那么简单，需要进行大量周密的考察，有时还要进行必要的探索来确证。作为创业者，在没发现、认识、证明"根"是什么的时候，万不可急于下手，否则是在无败的状态就埋下了失败的种子，在务虚而不务实中消耗了有限的资本。把失败预先设定了，等待你的将是一个烂摊子。凡此种种都是与根对立的、虚无的创业观念使然。

3. 启动项目的依据

项目在创业者开始思考F资本的时候，实际上已经开始了。此后去寻找根、培育根，也是创业的重要过程。而这里的项目启动，则是一个狭义的特指，即项目做好各项准备工作，着手创办一个"正式"的企业。

那么，什么时候才要开始创办这个"正式"的企业呢？答案已经很清楚，就是创业者已经找到了根、发现了根，并且有了规划和办法去培育根的时候。也就是说，根才是项目启动的依据，项目的各项工作的开展依赖于根，取决于根。根的发展程度，也就决定了项目的发展阶段。

创业者急于求成的心情是可以理解的，但是心情再急迫，也不能超越这个阶段。创业是一个科学的过程，是一个实践的过程。我们依照创业学已经发现的规律去创业，并不能确保创业一定成功，这是因为市场因素千变万化；如果不按照这些规律去创业，则是寄希望于运气，其结果也就可想而知。

二、根是未战先胜的条件

人类的进步从失败中来，失败给了人类太多的教训、启示，在失败中孕育着成功的种子。我们可以肯定地认为，对于任何项目、任何个人来说，失败是一件极大概率的事件。而提高创业的成功率，就离不开对项目之根的认识、发现和培育。

1. 积累未战先胜的资本

创业的失败对个人而言，后果可能是残酷的。创业失败不同于其他方面的失败，通常丧失的是机会成本、可支配的资源和宝贵的热情。创业失败，轻者身陷困境，失去再起之"东山"；重者倾家荡产、生活无着、债务缠身，甚至妻离子散、背井离乡。因此，规避创业风险是任何创业者都必须首先考虑的问题。如何才能规避风险呢？就是要积累"未战先胜"的资本。

未战先胜，当然要有足够的资本。资本并不仅仅是金钱，怎样使用资本、拥有什么样的资本才是更重要的。体现在创业上，也就是F资本和项目之根。

兵法是中国古代的重要战略思想之一。在经济活动中，就谋略而言，创业可以与兵法相提并论。《孙子兵法》有云："兵者，国之大事，死生之地，存亡之道，不可不察也。"上升到死生之地、存亡之道的高度，可见其重要性。而创业也如此，是一个项目的死生之地和存亡之道。我们了解了创业失败的残酷，就必须尽一切努力去避免创业的失败；而避免创业失败的重要途径，或者说规避创业失败风险的重要手段，就是要培育好项目的根，积累未战先胜的资本。

项目有了根，就有了生存的权利。所有的事物都要先有生存，然后才能图谋发展的大计。因此，创业者的首要任务，也就是要发现、培育项目的根。

2. 创造未战先胜的条件

未战先胜并不是空口白话，说说而已。想要达到未战先胜，是有条件的。这个条件就是打造项目的根。

寻找和培育项目的根，就要从别人没有的、先人发现的、与人不同的、强于他人的这几个方面入手，把多种要素综合起来，形成项目的优质基因，进而形成项目的资本优势。这就是项目的根。有了根，才有资格说胜，才能在创业之初就创造出取胜的条件。

因此，创业者就要在别人没有的、先人发现的、与人不同的、强于他人的这几个方面下足功夫。找到了这几个点，也就找到了项目的根；把这几个点发展壮大起来，也就获得了取胜的条件。

三、根是多种选择的标准

创业的过程，也就是解决问题的过程。在创业过程中，不可避免地会遇到各种已知的、未知的问题和矛盾，创业者就要做出大量的决策，而决策的依据和标准，就是项目的根。

1. 创业面临大量的选择

创业本身就是一种选择。而在决定创业之后，选择就更为现实和迫切：在若干个项目中选择哪一个？用什么办法证明一个项目是否具有核心优势？确定了项目该从哪里入手？功能或标准怎样制定、如何实现？这些都是非常现实的问题。规模的小与大、速度的慢与快、战略的专业与多元、在竞争中降价还是不降价，这样的问题更会伴随着创业的始终。

我们看到，几乎在每一组问题上都有着对立的观点，而且每一种观点看上去都有它的道理。这样的选择往往使一个创业者茫然失措、无所适从。小有小的优势，大有大的风险，慢有慢的长处，快有快的缺陷，这些问题并没有一个简单的答案。有的创业者因为小而慢，而失去了发展的机遇；有的创业者则因为大而快，而使项目迅速陷入危机。这些选择，就是一个创业者所面临的日常性的、战略性的问题。

2. 根是判断与选择的依据

面对这些问题和矛盾，创业者要做出选择，既要根据自身的各种资本要素条件，也要根据彼时的外部市场环境。而内在的资本要素与外在的市场环境相结合的点，也就是项目的根的所在。

我们说，根是项目要素中的优质基因，是别人没有的、先人发现的、与人不同的、强于他人的，这就包含着与他人，即外在的市场环境相比较的结果；也包含着对自身的资本要素条件的认知。别人没有的，自己要有才能起作用；先人发现的，要别人没发现而自己先发现了才行。这就说明，根是内与外的结合。

这就为我们判断和选择提供了依据。市场是一个博弈过程。创业者要做什么，要怎样做，取决于自己和他人的选择。而选择和判断的依据，最终就归结到了项目本身和它所处的市场环境。这也就是项目的根。因此，项目的根的状态如何，它与别的项目相比有怎样的优势和劣势，有怎样的机遇和挑战，这就是选择的依据。

有了这样的先导思想，创业者才能解决前述问题。大和小、快和慢、专业和多元、先和后、重和轻、急和缓，这些问题都是有条件的，唯一的条件就是根的状态。用根作为判断和选择的依据，才能少犯错误，尽最大可能规避创业的风险。对创业与企业发展中的一切问题，要用根的观点去看待、思考与决定。

四、根是坚持不懈的基础

创业失败率高达97%，许多项目做了一段时间做不下去就放弃了。面对这种情况，许多成功的企业家反复强调：要坚持坚持再坚持。但是，为什么要坚持，用什么来坚持，他们并未提供更多的参考。

1. 为什么要坚持

企业家们的主张无疑是经验性的。坚持，项目才能存活；放弃，项目就此失败。但是，还有一个问题是，如果项目已经确认失败了，要不要继续坚持？判断失败与否的依据在哪里？这也是很多创业者非常困惑的。

前面我们讲过，根是判断和选择的依据和标准。判断是否失败，要不要继续坚持的标准也在于项目的根。项目有没有根，项目的根能不能培育起来，就是判断项目是否失败、要不要继续坚持的标准。

如果项目是有根的，根是可以培育茁壮的，创业者就要坚定信心，在坚持中聚焦核心优势、不断完善功能，在坚持中深刻理解市场、理解用户需求，在坚持中逐渐形成自己的商业模式，在坚持中培育锻炼自己的队伍。只有这样，问题和矛盾才能得到解决，项目才能继续生存下去，迎来胜利的曙光。

回到企业家们的判断上来。他们为什么要坚持？因为他们相信项目是有根的，他们发现了并且培育了项目的根；而他们坚持之后获得的成功，恰恰验证了这一点：有根的项目，贵在坚持。

2. 用什么来坚持

创业者一旦确信项目有根，项目的根可以培育茁壮，这个时候问题就不再是"要不要坚持"，而在于"怎样坚持"。

创业者对自己的项目，有着比其他人更深厚的感情，有着比其他人更深刻的把握。如果创业者在解剖和理解项目过程中，通晓了项目的构成要素，并在要素的关系中抓住了项目的根，并对此进行了探索、实验和确证，就必定有了坚持的信心和资本。而创造、寻找、培育项目的根，并不是一件容易的事，需要经历较长的时间和一路的艰辛。

此时的坚持，第一是需要创业者的信心和决心。这是坚持下去的主观因素。没有信心和决心，就很可能在最不应该放弃的时候放弃，在最接近成功的时候失败。古人有一句话：行百里者半九十。行百里的艰辛，并不在于刚刚出发，不在于行进到一半，而是最接近终点的时刻。创业者需要这样的决心和信心。不然，为什么要选择创业这样一条路，而不去依靠更加轻松的打工呢？

坚持的动力，则来自于创业者拥有的资本。资本的要素综合而成的优势，是项目的根，它在创业一开始就会发挥出显著的作用。创业者要敏锐地发现根的作用，把有限的资本集中到根上面，而不是急于铺摊子、建队伍。智慧地运用这些资本，有轻重缓急，有取舍，才有条件继续坚持下去。盲目地在不是根的战略资源上花费大量时间和金钱，那就是南辕北辙。

根在创业项目中真实地存在，是项目生存权的物质基础、独有的战略资源和难以复制的综合优势。根的观念决定着创业的先决条件，决定着程序的设计、做事的态度和解决问题的视角。

第六章 创业资金解决之道

很多创业者遇到的第一个问题是资金问题。资金并不是一个孤立的问题，它取决于项目本身的各种特征。

首先，我们要弄清资金的本质是什么。无论资金来源如何，是自有资金还是借贷资本，或者合伙投资，它都有一个目标：借助项目作为载体，实现保值增值。这就是资金的本质。它决定了，资金所面对的，永远是优秀的企业和显示出核心优势的项目。而作为一个创业者，首要的是打造项目F资本、寻找和培育项目之根。对于资金而言，这实际上是获得资金支持的资格，这就决定了创业不是用资金去组合各类要素，而是创业者自我再造的过程。

其次，要弄清资金与项目有条件地相互需要的关系。资金需要通过项目来实现保值增值，没有项目就无所谓资金。同时，资金追逐的又是那些优质的项目。因此，要想获得资金，首先是项目的优质特性得到证明。项目需要资金，则是由项目特点、运作过程和商业模式等特性决定的，而在项目选择、F资本的打造和项目之根的寻找过程中，并不需要大量资金，甚至不需要资金。

理解了资金本质及其与创业的关系，解决创业资金的现实道路就凸显出来。一是靠自身资源，二是靠项目优势，三是靠政府帮扶的政策，四是靠互联网派生出来的新型融资渠道。

第一节 创业起步的规定动作

理解资金的本质及其与创业的关系非常重要。这决定了创业者在创业初期的战略性选择。用什么资金，需要多少资金，资金用在什么地方，这是困扰很多创业者的大问题。而解决这些问题，就必须深入地了解资金的本质，把握它与创业的关系。

我们先来看三个经典的小故事。

一、三个融资故事

1. 城市"瘟疫"

某地级市要建发电厂，政府发榜招贤："谁引来资金，谁就是项目法人代表。"于是，十几个自认为有能力的人，带上政府提供的全套文件踏上漫漫引资路。

目标：寻找"金主"。

办法：经过业内人士介绍。

地点：北京、上海、广州。

过程：先见"金主"代理的代理再见代理，然后再见"金主"的助理，最后才能见到"金主"。这其中的每一步都要花上几万元，还有无休止的宴请、游玩、送礼。特别是找到"金主"之后，要表现出很大的诚意，要满足"金主"的一些要求。

日销万金的谈判后，在"封闭工作"中签署文件。签完了，一切就结束了。剩下的事情是等待，然后是等待，最后还是等待。两年过去，十几个"项目法人"没一个引来资金。每个人花费的上百万引资费用都是借的，还不上借款导致他们妻离子散，甚至家破人亡。

2. 融资六年

一个国有企业分公司的总经理，在任六年时间只做了一件事：引资。

项目是与台湾企业合作生产工装皮鞋。台湾企业提供生产线，国有企业提供厂房和流动资金。先开一条线，有 800 万元就够了。

为了引资，他千方百计到处弄钱。为了引资，他在 6 年里花掉了 1100 万元，却一分钱也没引来。最后，这个总经理以渎职罪被判处两年有期徒刑、缓期三年执行。

他为引资而花掉的 1100 万元是怎么弄来的呢？他卖了几个下属企业，向好一点的企业收管理费，清理大公司内的欠款，把办公楼抵押给银行。

3. 读者来信

一个大学生创业团队，经人介绍找到了一家融资公司。融资公司的项目经理说："经过我们研究认为项目可行，可以投资。只是计划书不符合融资要求。要做出合格的计划书，只能由我们来做。如果你们自己做，拿到投资商那里行不行就很难说了。"

学生创业者同意由他们做计划书。可他们说："做一份计划书，在美国要 15 万美元。对你们优惠，只要 15 万人民币，先付 5 万元定金就可以开始工作了。"他们很犹豫，担心交了钱不能引来资金，请教我这件事该怎么办。我回信说：

（1）对方案表示"可行"是个诱饵。因为项目可行与否要经过充分的调查，要有项目优势的事实依据，一周时间是不可能做出结论的。

（2）项目可行与否，是投资人认定而不是"融资公司"，更不取决于计划书由谁来做。

（3）做计划书，是他们抓住你们求钱若渴的心理让你们付钱。引不来资金你们无话可说。

（4）如果你们心有不甘，建议先签合同：引资成功后付费。或者把费用打到公证处，融资成功后从投资款中冲抵。

这三个故事中的创业者，都把融资当作创业的第一件事，把创业的第一个行动义无反顾地扑向了资金。结果是，不多的资金都花费在了融资上，最后资金还是没有得到。这就引起我们的深思：为什么他们得不到资金的支持？

二、扑空，错在哪里？

这些创业者为什么要这样做？显然是出于对资金的急切，认为项目万事俱备，只缺资金了。而"金主"对他们的态度，显然是并不认同他们的项目。创业者急需资金，投资者却不愿投资，这中间一定有着非常大的隔阂。在认知上，这种隔阂在于，资本理论扭曲了创业的真实，"计划书融资"的公式迷惑了创业者。

1. 舶来创业教育

一些创业教材和创业教育项目，把写好"创业计划书"作为创业的第一步，而写计划书的目的是融资。为了强调计划书的极端重要，他们把它称之为"你一生所写过的最重要的文件"。他们认为，只有写好计划书才能够吸引到各类投资基金，引来了资金，创业就大功告成了。

这些教材和项目提供的计划书范本，大的方面包括产业、技术、市场等，小的方面则包括了项目价值、项目团队、项目预期等。这些计划书还需要各种关于现金流量、利润预期、合作对象等方面的财务、市场报表。创业还没有开始，就要把企业存活后的事情写成计划书，把创业完成时、将来时的事情拿到创业尚未开始的时候来做，是把创造企业与经营企业的先后过程颠倒了。正是这样的教材和创业教育的项目，引导了创业者在创业初始走上了计划书引资的道路。

而创业者精心准备的这些计划书，以及那些虚构的内容，在职业投资者看来，无疑是假大空的呓语。我们也常常听说，某人与某金融机构仅仅谈了5分钟就决定了一项投资。这种情况不是不可能出现，而它出现的原因，或者基于对创业者本人的信任，或者创业者确实拥有优质到相当程度的魂与根，被职业投资人的慧眼所看中。

计划书并不是不要写，而是不能把它当作融资的工具。计划书是一个创业者对项目的理解、把握的各种思想的文字化，它是创业者真实的想法、创业项目真实的要素的体现，它包含着一定的预期，但绝不是假大空的主观臆想。这就决定了计划书不可能在创业早期就能写好，在创业早期就写好的计划书也就不可能打动投资人。

2. 创业者个人因素

许多创业者心中，自然存在两种很强烈的愿望：一是很希望在创业之始就能够有一大笔钱，而且是如同"天使"般的赠予或不需要偿还的股权投资；二是有着高起点、大规模、快速度创业，一举成就大事业、一夜暴富的冲动。正是这样的愿望，使得他们很愿意接受"计划书融资"的主张，并自觉地把它作为创业开始的规定动作。

创业尚未开始，就指望靠得到一笔资金来启动项目，不仅不现实，更重要的是从根本上违背了创业的规律。我们在前面已经论证过，很多创业失败的案例并不是因为没有资金，而是项目没有魂、没有根。而魂的打造、根的培育，只能依靠创业者自有资源起步，在从小做起的艰苦磨砺中成长。

前面的三个例子就是这样。创业者将各种形式的"计划书"当作唯一的资本，去向投资人寻求资金，没有优质的项目内核作为支撑，失败是必然的。

三、为什么一定扑空？

1. 没有真实性

"中美创业论坛"主讲嘉宾、享誉国际的创业研究专家、美国西北大学教授谢洛德（Lloyd E. Shefsky）说，在美国，创业主要靠自己的信用卡和家族与朋友的帮助。美国的风险投资人在接到的1000个计划书中只看20个，在20个中只选1个，用计划书融资成功的比例是1‰。这个成功比例下的创业模式，不能看成是项目与资金结合的创业模式。甚至有些投资机构拿到形形色色的计划书，先随机扔掉一半，因为他们"不对运气不好的项目投资"。

为什么有些创业教材、创业教育热捧的融资计划书，受到如此冷遇呢？重要原因之一就是它没有真实性。创业者总是以为，计划书写得完善，最重要的是诱人，才能打动投资人，因此在计划书中列举了各种不存在的优势，承诺了各种不可能完成的目标，编造了各种未完成的数据。甚至创业者自己都不认为项目是这样"计划"的，提出1000万元的融资目标，心理预期是500万甚至200万、100万。拿着这样的计划书，怎么可能有对项目的信心？这样的计划书摆在投资人面前，并不比那些虚假广告更有价值。

2. 没有科学性

我们多次强调过，创业基本问题是魂与根的问题。这是创业的规律所在，创业的科学所在。

创业基本问题中的魂，对创业全过程起主导和决定作用。魂，是超越货币乃至全部资本要素的、最具资本性质的"真正资本"——F资本。F资本对以货币为代表的全部资本要素起统领和驾驭作用：决定它们的配置、组合与效能，赋予它们以生命。一切资源与要素都是灵魂资本的载体。创业，首先要打造、培养和投入的正是这个资本。

"扑空"，是传统的资本概念的物质性束缚了我们，是把资本物质性的理论引入创业教育而误导了我们。这些错误，不是引导着创业者在实践中磨砺能力，而是把创业简单地理解为投入货币资本，用货币去组合物质要素。

在市场上，资金固然是稀缺的，比资金更稀缺的则是真正具有优势的项目。有了F资本、项目之根，才有真实的、科学的创业计划；有了真实的、科学的创业计划，才有进一步的关于资金的需求和寻找。创业起步的规定动作，并不是去撰写一个没有真实性、科学性的计划书，而是要打造F资本，寻找、培育项目之根。

第二节　创业本质与资金本质

魂的充盈和根的茁壮，自然催生优质的项目；而资本保值增值的需要，决定了它对优质项目的渴求。资本市场因此而产生契合点，投资人因此而投资，创业者因此而融资。

一、创业和资金的本质

1. 创业的本质

创业过程由创业者和项目两个方面的内容构成。其中，起主导、主要作用的，是创业者。是创业者决定了创业项目的选择和动作，主导了创业项目的魂与根。创业是一个项目孕育、出生、发育、成长的过程，也是创业者能力同步增长的过程。

创业者的主导作用体现为创业者的能力。广义的能力可以追溯到人在生命长河中积累而形成的素质，而创业这个特殊的能力只能来自创业实践的历练。创业者在不断的历练过程当中，选择了一个项目，对它产生了全面、深刻、透彻的理解和把握，进而形成了资本之魂和项目之根。

这是一个艰苦的能力再造过程。没有人生来就是创业者，一个人能够创业成功，必然要经历认知的提升、能力的培养、经验的积累，而其中最为重要的，就是把那些认知、能力、经验融合为资本之魂，进而去寻找、发现、培育项目之根。项目由此而生，创业者由此而成长，创业由此而体现。

可见，创业的本质，就是创业者在认知、能力、经验等的积累过程中将其升华、具体化为资本之魂和项目之根,并且经由实践作用于实际的项目,使之产生、发展的过程。

2. 资金的本质

我们这里所说的资金本质,是指各类职业投资人的本质。职业投资人并不一定是具体的某个人,而是包括了投资机构、银行、中介等在内的各类投资者。投资过程是货币资本化,以股权、债权等方式投入到企业、项目,以期取得回报的过程;它的本质就是以资金作为资本,借助项目作为载体,取得保值增值收益。

这就决定了,职业投资人的投资对象是优秀企业。只有优秀企业,才能实现资本的安全,进而实现资本的增值。投资人视野中的项目,是需要经过验证、具有核心优势和市场前景的。这也是一纸计划书无法打动投资人的根本原因。

二、创业与资金的相互关系

创业与资金的本质,就决定了资金与项目并不是简单的合作关系,而是有条件的相互需要的关系。

1. 资金需要项目的条件

一个项目能够吸引资金,就必须是能够让资金增值的载体。这个项目必须有自己的前期投入、有运作过程,并在这个过程中显示、证明项目的特殊优势。

项目优势显现的时候,资金才需要项目,需要这个使它得以保值增值的载体。资金好比血液,项目好比健康的机体。血液需要在健康的机体中才能循环生发,机体有了血液才能存活成长。优秀的企业就是健康的机体,这是资金需要项目的条件。

市场是证明项目优势的唯一方式。一个项目如何才能证明其优势呢?这就需要在资本之魂和项目之根具备的前提下,展开最小规模的模拟,进而实现初步的、存活性质的运转。项目的生命力在这里体现，项目的优势在这里得到证明。做到这一点，资金才真正需要这样的项目，才会青睐这样的项目。我们经常看到，有的项目大家抢着投资唯恐落后，有的项目却长期无人问津自生自灭，其根本原因就是资金需要优质的项目，而无视那些平庸的项目。

2. 项目需要资金的条件

创业者决定项目，项目决定资金。创业的另一个基本方面是项目，项目是矛盾关系中的次要方面。而资金，包含在项目这个次要方面之中，是由项目所规定和派生出来的一个要素。

项目规模、特点和启动方式，决定着资金进入的数量、时间和形式。资金进入的数量由项目规模和特点决定，进入的时间由项目发展的实际需要决定，进入的形式由项目运作程度和资金权重决定。按实际需要注入资金才能发挥资金的作用。而在项目核心优势打造的过程中，往往不需要资金或不需要很多资金。

因此，创业者首要的工作，是把资本之魂和项目之根锤炼好、培育好。有了魂与根，才有引入资金的底气，才能使资金成为真正需要的要素资本。在此之前，不要说什么"盲目引入资金的危害"，而是根本就无法引入资金。

可见，资金需要项目的条件是，项目具有已经证明的优势；项目需要资金的条件是，由项目特点与运作过程决定的必要性。

第三节　解决资金的现实道路

理解了创业本质和资金本质,就看清了解决资金的现实途径。解决资金问题的现实途径,传统的方式一靠自有资源,二靠项目优势,三靠政策扶植;随着互联网的发展,还可以依靠新型融资渠道。

一、解决资金问题的传统途径

1. 依靠自有资源

大体上,创业者可供利用的自有资源有以下三类。

一是以体力为主的本能资源。精力、体力是年轻人的财富,是创业的重要资源。一些创业项目依靠体力就可以完成,比如快递、清洁、家政等,可以从这方面展开。从小做起,在亲力亲为的实践中摸情况、看门道、长见识、增本事,然后逐步扩大规模,是一条可行的创业之路。

二是以智力为主的累积资源。这类资源是创业者已经持有,有待在认识和开发、改造和提升后,与某种需求结合的知识、技术、特长、经验、兴趣等。有这样的基础,可以从彩绘、布景、授艺等创业项目开始。最初需要创业者自己来完成,在完成的过程中积累知名度和美誉度,扩大市场规模;或者与志同道合的朋友一起,投入少量的资金即可开展。

三是以环境为主的可借助资源。一切有商业价值的东西,都源于人们对其"有用性"即价值的发现。可借助资源,是与创业者的家庭背景、生存环境、人文历史、地理条件等相联系的,可以转化为财富的东西。诸如气候土壤、历史文化、风俗民情、土产特产、家族学校等元素。这些元素，有的直接就可以经营，有的需要挖掘、改造和转化。这类项目，少量资金便可启动。

2. 依靠项目优势

既然资金对项目的需要是有条件的，那么，创业者就要把资金需要的条件创造出来。得到资金的条件，就是创造资金需要项目的条件，即先把自己的项目做到一定程度，显示并证明项目优势。

（1）什么是项目优势

项目优势表现在两个方面。首先是构成要素。项目由若干要素构成，在诸多要素中，一定有一些是决定它的市场价值的要素。说技术先进则要完成从技术到产品的转化，说有市场需求则要有直接用户，说模式可行则要有运作效果。

其次是成长过程，即运作这个项目的时间过程。时间过程表现为几个阶段：项目的选择到确定，关键要素的测试到把握，综合模拟的试验到可行。用过程证明项目所具有的市场价值，就是项目优势。

（2）两个成本的比较

两个成本是指赚钱的成本与找钱的成本。两个成本都是由时间和费用两部分构成的，哪个成本更高呢？

本章最初的三个例子说明，用找钱的时间寻找这个项目的根，把找钱的费用用在对项目要素的创造、寻求、探索和确证上，比在引资路上奔走所花费的时间更短，花费的金钱更少。无数事实证明：赚钱要比找钱容易得多！

3. 依靠政府扶植

国家支持推动以创业带动就业，把创业作为经济发展内生动力。与之相应，出台了支持创业的各项政策，设立了"小额贷款"、"创业基金"和"融资担保"等各类金融支持的政策。此外，还设立了多种鼓励创业的补贴、奖励和直接的资金补偿。这是创业者应该利用的解决项目启动资金问题的现实出路。

这类扶植方式主要有："小额贷款 + 创业担保基金""创业授信卡 + 财政贴息贷款""创业基金 + 风险补助基金""防范风险的联动机制"等，主要参与者有政策性银行，县、乡镇、村各级政府，各类创业合作社，各类融资中介机构等。创业者一定要重视这些信息，有时候就是踏破铁鞋无觅处，得来全不费工夫。

二、新型融资渠道简介

在 21 世纪第二个十年，互联网的发展迎来了新的阶段。以社交网络为代表的 Web2.0 时代应运而生，并呈现出迅猛发展的趋势。这也为融资提供了新的渠道。

1. 互联网投融资平台

互联网投融资平台，是互联网与投融资领域相结合的产物。与传统的融资渠道相同，它主要有两个作用：一是为投资人寻找优质创业项目，二是为中小企业寻找融资资金。从这个意义上说，互联网投融资平台的作用与属性并未改变，它的出现，是信息化在投融资领域的体现。

互联网投融资平台在一定程度上提升了创业者的地位。在传统的投融资领域，创业者处于明显的弱势，投资人则非常强势。随着人们对二级市场的风险认知的加强，以及股权投资等方式的逐渐普及，创业者的地位有了明显的提升；而互联网投融资平台的出现，则使双方更加趋于平等。

大部分互联网投融资平台的模式，是利用互联网工具为投资人和创业者提供一个展示交易的平台，把双方的信息展示在互联网上，自身并不参与双方其中的交易。平台的撮合机制，能够为双方更好地找到契合点，这也是互联网投融资平台发展迅速的重要原因。

也有一些互联网投融资平台会介入到投资领域，它本身就是一个投资中介机构或者投资机构，这样的平台一般会负责初步审核创业项目，并且有可能参与到投资当中。

就形式而言，互联网投融资平台有小额借贷、抵押质押贷款、股权投资等多种方式。对于创业者而言，这些方式各有利弊，要根据不同的项目需要而慎重选择。

2. 一些主要的互联网融资方式

（1）小额借贷、抵押质押贷款

这种方式一般要求创业者提供个人的身份证明和财产证明，经过审核之后由银行或者第三方支付机构放款。抵押、质押类贷款还要提供标的物的相关证明材料。这种方式与传统的银行贷款方式差异不大，只不过是把银行变成了互联网融资平台。

这种方式的优势是创业者比较容易获得资金，风险是如果创业失败则要承担一定的债务负担，创业过程中也要承担一定的利息。

（2）股权投资

股权投资则需要创业者提供项目介绍的相关材料，最大限度地证明项目的优势。双方可能通过互联网平台直接实现投资，更多的是通过平台进行撮合，线下洽谈，实现O2O（Online to Offline）的结合。相对借贷而言，股权投资中的投资人更加慎重。

它的优势是创业者与投资人共担风险、共享利益，缺陷则是创业者比较难于从众多资金需求者中脱颖而出，获得资金支持的难度比较大。

（3）互联网众筹

众筹（crowd funding）即大众筹资或群众筹资，由发起人、跟投人、平台构成。众筹具有低门槛、多样性、依靠大众力量、注重创意的特征，是指一种向群众募资，以支持发起的个人或组织的行为。随着Web2.0的兴起，连接赞助者（投资人）与提案者（创业者）的众筹平台发展也非常迅速。据著名私人、公共和社会企业众筹方案调查咨询公司Massolution的研究报告，2013年全球总募集资金已达51亿美元，其中90%集中在欧美市场。而在2014年，在淘宝、京东、百度、腾讯等知名网站的引领下，中国众筹平台的发展一日千里；天使汇、人人投等股权众筹平台更是获得了官方认证，成为证券业协会会员。

众筹融资方式对于创意型项目来说，是一个比较好的渠道。一个优秀的创意，事实上包含着对 F 资本的深刻理解，得到特定人群以特定方式的支持，这是符合创业规律的。

创业资金这个问题困扰着很多创业者。而对于一个创业项目来说，寻找资金并不是起步时期的规定动作。理解了资金和创业的本质之后，我们就会明白，创业者要把首要的任务放在打造资本之魂和项目之根上，有了这些才有融资的资格和底气，才能获得资本的支持甚至追逐。而后，创业者要紧密注意各类融资信息，发挥自身优势和项目优势，依靠各方面力量解决创业资金问题。

第七章　项目的来源与选择

创业以项目选择为起点，以企业诞生为终点，呈现出顺序发生、先后承接的"选项—模拟—运转"三个阶段。这是创业过程中不可颠倒、不可逾越的三个阶段。其中，选择项目起到了非常关键的作用。选项好比方向，是创业起航之前就要确定的。选错了项目，后面的都是无用功。

项目是魂与根的结合。选择项目在项目开始之前，但也和魂与根密切相关。选项就是对魂的理解、对根的认知，由此形成的创业的观念，并最终决定对项目的选择。

创业是有规律的，规律不仅体现在创业的实际操作过程当中，也体现在先导性的项目选择之中。如何发现、构想并最终选择一个项目，是创业者面临的头等大事。本章首先讲清创业规律在项目选择上的体现，其次重点阐述好项目的"产生"和"移植"两个来源，最后讲明选择项目的原则和程序。

第一节　用规律理解项目

创业是有其规律的，它的规律性体现在创业从开始到结束的整个过程之中。创业的开始，就是选择项目。

一、对待项目的观念

以怎样的态度对待项目，是选择项目的先导性观念。创业者往往对于一个项目缺乏现实的识别、判断、评价能力，找不到项目的关键所在。这就需要用创业规律来指导，即以魂与根的眼光来看待每一个项目。

1. 魂与根同步生成的实践

（1）创业基本问题对项目的规定

创业基本问题中的魂与根都来自实践。在选择项目过程中，创业者是在创造、发现和培育项目的核心优势——根的过程中，同时完成了对项目的理解、通透和把握，打造项目的资本之魂。魂与根同步产生于选择项目的实践过程之中。选项，实际上是魂与根相互依存、相互创造、不能分割的同步生成的过程。

（2）创业基本矛盾对项目的规定

创业基本矛盾是创业产生对F资本的需要和F资本生成滞后的矛盾。这对基本矛盾对选择项目起到了关键性的主导作用。创业的首要能力是选择项目的能力，这正是尚无创业实践的创业者所缺少的。创业者要把选择项目的过程，与F资本的打造结合起来，用F资本去衡量项目：是否值得选择，是否已经通透地把握了项目，选择这个项目的时机是否成熟，项目的要素是否具有充分的竞争力，等等。只有把 F 资本当作选项的先导内容，才能保证在项目选择之后的发展过程中发挥 F 资本的作用。

创业的基本问题与基本矛盾说明，选择项目是一个实践过程，是魂与根同步形成的过程。

2. 主体与对象的长期融合

创业者选择一个项目并不是偶然和随意的，而是有着一定的对魂与根的认识。但是这种认识往往非常肤浅和感性，缺乏同步、融合、升华。而在发现项目选择错误之后再去回转，已经遭受了一定的损失，甚至错过了更好的机会。因此，创业者选择项目，要始终以魂与根作为先导的观念。

（1）项目是生命目标

对于创业者而言，创业是一种决心、智慧，而选择项目无疑是最能体现决心和智慧的地方；项目是一个目标，是创业者一生追求的彼岸，是创业者心血的结晶。因此，选择项目的过程，也就成为了创业者确立生命目标的过程。作为创业的主体，创业者把心血智慧倾注其中，就必须以"如临深渊，如履薄冰"的慎重态度去对待项目的选择。

创业的智慧在于魂，项目的生命在于根，创业者确立了一个项目作为自己的生命目标，就要让这个生命目标正确、可行、远大。

（2）自己是认识对象

既然是选择项目，创业者就是选择的主体，而项目就是选择的对象。这似乎让人觉得，选择什么项目完全是遵从创业者主观意志的。多数创业者也往往是这样认为的，他们因此把目光投向那些利润高、见效快的领域。这实际上是选择项目的一个误区。

魂，是创业者智慧的结晶；根，是创业者资源的把控。因此，创业者拥有怎样的创业智慧，拥有怎样的创业资源，实际上就已经决定了创业领域的选择，再经过魂与根的整合，也就细化成了具体的项目。从这个意义上说，创业者选择项目的同时，也是选择自己。那么，对自己的认识，实际上就是选择项目的理由。因此，创业者选择项目的根由，在于把自己当作认识的对象，从对自己的认识当中，找出选择项目的依据。

3. 选择项目的观念

从前面的分析我们可以知道，选择项目是创业规律的体现，是魂与根的融合，是对自我的认识。这是创业过程中选择项目的规律。基于这个规律，我们提出选择创业项目的三个观念。

一是务实观念。创业者要把注意力放在事关项目生死存亡的地方，把资金的分分角角、把时间的分分秒秒积聚在这里，脚踏实地地去解决问题。一切形式主义的东西可以统统抛在一边，这就是务实。解决了项目的生死存亡的问题，证照、办公场地、办公设备、人员配置等这些要素才有用武之地。

二是先难观念。在对创业项目的分析、理解过程中，创业者一定能够找出项目的哪一个部分、哪一个点是最困难的。那一点往往是项目的关键，甚至是牵一发而动全身的要害。从项目是整体的认识出发，这个困难之点是不可缺省的一个环节，不可逾越的一个阶段，不可替换的一块木板。困难的便是重要的。这决定了要把这个最麻烦的问题最先加以解决，而不能以"车到山前必有路"这样的侥幸心理对待。

三是生命观念。创业者要把一个项目看成是一个生命体，有着发生、发展、成熟的生命过程。任何违背它生命本身内在法则的行为，都是对项目的摧残。事实上，有许多夭折的项目并不是缺乏生命力，而是被摧残致死的。项目需要创业者心血的培植，而野心和欲望往往会使创业者做出拔苗助长之举。

这三个观念，实际上也就是创业者的用心、信心、恒心。用心要一，信心要满，恒心要长，这仍然依靠创业者自身的成长。

二、选择项目的路径

既然选择项目的过程，是创业者与项目相融合的过程，那么我们就可以根据比对的结果，去选择项目。

1. 排除一大片

要知道能做什么，先要知道不能做什么。知道得越多，排除的面积就越大，注意力就会越集中。排除的对象应该是由大到小。首先是行业，有的行业已经处于衰退阶段，进入这样的行业，不论你怎样努力都是徒劳。其次是市场，潜在市场的规模和成长性，决定了项目发展的空间。再次是资源，有限的资源将越发有限，依靠资源生存的领域，创业者的后发劣势会更加明显。最后是不要依附，不要把生存的自主权交给别人，可以成为产业链的一部分，但不能成为某个企业的附庸。

2. 划出一个圈

创业是一项最需要全身心投入的事业，成就事业的公认法则是集中和持续。因此，选择项目要有放眼未来的战略眼光，按照10年后甚至更长久的预期来规划现在。这就需要划出一个圈子，把社会恒久需要的事、人类面临的困难、未来发展的趋势划进来。圈子里的事才具有发展的空间与时间：空间意味着有发展的广阔天地，时间意味着可以长期地做下去。

对这个圈子的认识，对于需求、困难、趋势的理解，仍然是一个创业者人生智慧的体现。

3. 切入一个点

创业者总有他最擅长的领域。在前面已经缩小的范围内，可做的事仍然很多，现在是把眼睛转向自己的时候了。创业者此时要做的，就是把对需求、困难、趋势的理解，与自身能够做的、能做好的结合起来。有了这样的结合，实际上项目也就呼之欲出了。

考虑创业的时候，也是"自知者明"的时候。创业者在选择项目时，要不断剖析自己，审视自己，思考自己的强项与优势何在。在同时有几个强项的时候，就要关注比较优势和机会成本。与他人比较哪个优势是有利的，而这些优势哪个最能转化为项目的生命力；用同样多的时间，同样的付出，比较哪个能力所对应的事业会有更大的前景收益。通过两个比较，优势会凸显出来。

三、理解项目的方法

对项目的考察再充分也是务虚，如果对它包含的内容尚未深入了解，对相关的东西并不真正清楚，对要素构成中的关键还没有认识，就谈不上对项目的通透把握。因此，要确定一个项目先要认识，然后是理解，最后才是把握。这个过程开始于对项目的解剖。

1. 理解项目的信息

项目首先是信息。不论是什么项目，在能够运转它之前，对创业者都仅仅是一个信息。一个项目是一个蕴含着多种信息的一组码元。创业者要将它解码、复原，办法就是把它分解开来。任何一个项目从整体上看都是混沌的，只有解剖后才可能一个一个地摆上桌面弄个明白，放到亮处看个清楚。对信息的拥有，远远不可等同对信息的理解。为了理解唯有解剖，才能使目光集中，心灵渗透其中，做到详尽、充分地把握信息。

2. 把握项目的要素

信息的不对称性是普遍存在的，体现在市场上就更加明确。如果创业者的项目来自市场，比如产权交易市场、技术市场，或者来自于公司和个人、媒体等，创业者与项目所有者的信息肯定是不对称的。此时，创业者务必深入其中，了解项目的背景、历史、现实、资源、趋势、前景等，做到心中有数。不仅如此，创业者还要去解读这些要素，理解要素之间的关联和影响，它们在市场中处于怎样的状况，前任经营者或者技术转让者为什么自己不去运营等。只有这样，才能深入理解和把握项目要素，对项目做出正确的选择和判断。

3. 抓住项目的关键

项目有诸多的要素，这其中有一个或者几个是起到关键作用的，即项目的关键要素。我们多次提及，项目的关键要素的整合，就是项目的根。没有了根的项目，就会迅速衰败；而创业者的首要任务之一，就是发现、打造、培育项目之根。创业者在选择项目的时候，就要把项目的诸多要素分拆开来，一个一个地加以研究，了解它们的真实情况；然后再去探究这些要素之间的关联，找出主要矛盾和矛盾的主要方面；最后去解决这些矛盾问题，整合项目的各个要素，发现、培育项目之根。有了这些研究，选择项目才是有的放矢，创业才有成功的前提。

第二节　优质项目的来源

项目得以在市场上立足,靠的是其具有某种优势、特色与创新。有市场价值的创新,通常是在实践过程中实现的,而实践之前的创新表现为"想法"(idea)。在付诸实施的过程中,大量的想法要么不可行——功能上难以实现;要么没价值——并不能满足市场的真实需求;要么不经济——达到功能的成本过高。这也是许多想法甚至是专利被束之高阁的原因。确实有一些想法成为事业成功的开始,而多数以想法为起点的项目,在实施过程中会发生很大变化,甚至转变为其他东西。项目需要创新,而创新需要实践。这是创业基本矛盾在项目上的表现。

所有的创新都不是空中楼阁,都必然表现为对历史的传承。创新与传承在时空上是互相结合的,创新是对传承的递进。传承意味着市场上已经存在一定程度的需求与供应,而创业或者寻找到了新的需求与供应,或者提升了需求与供应的质量和水平,或者扩展了需求与供应的范围。这也就决定了,创业项目的选择既有创新也有传承,它既来自于市场和自身,也来自于智慧的创造。

一、从市场中来

1."不"字

创新的必要性,就体现为对既往的否定。否定的意义,就是发现各种"不"。比如发现某个产品中的"不":不方便,不完善,不安全,不环保,不简洁,不牢靠,不便宜,不必要。发现社会生活中的"不":困难、问题和矛盾。发现现有服务、产业链条和经济模式中的"不"：缺陷、不足和错误。把这些"不"加以改进、完善和提高就是一个好项目。

2. 赶海

"赶海"是指为那些追逐市场大潮的人们提供服务，比如为那些淘金的人们供应矿泉水与牛仔裤。大海退潮时，人们在海边捉螃蟹，挖海蛤，捡贝壳。这里，借助"赶海"这个现象，说明项目产生的一个思路。

市场经济潮起潮落，多少人在注视着"潮"的涌起，一旦发现他们翘首以盼的商机便不遗余力地扑上去。大潮涌起的本身在创造一种需求，可以紧紧地跟在这"潮"的后面，轻松地捡那些螃蟹、海蛤、贝壳，为那些急急赶潮的人们提供物资、劳务、信息、保障等服务。

3. 挖掘

"挖掘"是寻找隐蔽的资源，经过改进、提升、完善和转换而成为新项目。挖掘的本意是探求、寻找，挖掘的行为指向是天然性质的隐蔽资源。挖掘是项目产生的一个途径：面向隐蔽的资源寻找而发现，提炼而结晶，加工而提升，成为有市场价值的东西。挖掘到了市场有价值的东西，需求就在其中，项目就在其中。

4. 入链

"入链"是进入一个成长中的产业链条中成为其中一环。在经济领域中，每一个行业系统都是一个长长的链，每个链由多个环衔接组成。成为长长的产业链中的一个环，就能成为产业上下游的依存，成为市场的一分子。创业者要选择那些生命周期长、产业依存度高、发展趋势好的产业链，选择这些产业链中不可或缺的、利润率高的、增值度大的、竞争比较缓和的一环，作为项目的来源。不要小看这小小的一个环，如果把链中的一个环做得很专很精、不可替代，将十分了得。

5. 入流

"入流"是指加入一个企业集团的一个环节，比如配送、零部件、流通等。当前企业集团化、全球化、长链化的新特点，为创业项目的选择提供了新的角度。这些大型的企业集团，并不是所有的环节都要亲力亲为，如富士康为苹果加工零部件，维修商为三星提供售后服务等。加入其中一个企业集团的一个环节，依靠其已有的市场为其提供配套服务，就能迅速地借助这个平台实现创业成长。

来源于以上这几种方式的创业项目千千万万。市场如此丰富多彩，以上这几种方式，更多的是为创业者提供一种思考的方法。具体的来源，则需要创业者发挥自己的聪明才智，去发现，去创造。

二、从自身中来

创业者自身是灵感的宝库。创业项目就是创业者自身与市场的结合，因此，选择项目很大程度上也是发现自我的过程。

1. 兴趣

"兴趣"是指把自己的兴趣变成能赚钱的项目。兴趣，有的与生俱来，有的后天养成，都是潜藏在自身的某种特质的外在表现，可以成为生命存在的形式，也可以成为事业目标的创业项目。有了兴趣项目，便在其中流淌才智，挥洒创造力，演绎生命的精彩，让幸福与成就融合为一。

2. 优势

"优势"是把你所具有的强项、特长和某种资源转化为创业项目。如何确定优势呢？与别人比，寻找自己有别人没有的，自己突出的而别人很一般的；与自己比，能够做好的事情有几个，其中哪个能做得最好。怎样发现优势呢？先是对生活积累的审视，在自己的生命历程中形成了什么技能，沉淀了什么知识；再进行分析，哪个是最突出、最有用、最具潜力、最容易转化成市场价值的。

3. 眼界

"眼界"指通过增加见识而产生创业项目。目力所及要大，见识所及要多，思维所及要宽，好项目自然产生。目力所及的范围太小，见识所及的事物太少，思维所及的领域太窄，创造的能力就被创造元素的贫乏限制了。做一件事需要专注，但在专注之前一定要开阔眼界，有了对比与选择的机会，才有最好的项目产生。

4. 敏感

"敏感"是指对生活中接触到的某些事物，善于去联想它的商业价值，指的是商业意义上的聪慧和灵敏。"敏感"从哪里来？基础性因素是来自商业历练中经验的积累而产生的识别商业价值的眼力，直接因素来自创业的想法长期萦绕在心头形成的一种潜意识。眼力和潜意识在偶然中与某个现象发生碰撞，一个新的项目就这样产生了。

三、从创造中来

新项目的产生离不开创造性。创造性是对一个人既有知识的综合运用，由此产生新的结果。创造性是项目的重要来源，需要创业者努力发掘。

1. 复合

"复合"就是把几个东西放到一起形成一个新项目。几种原理、几种物质、几种功能，结合为一体就有可能产生新功能、新用途。从人类社会到自然界，我们所见到的一切都是"复合"的结果，一切事物都是复合的产物。用什么去复合呢？用人的思维创造力，让那些看上去不相干的物质与功能合二为一。

2. 借势

"借势"指借助某种强势获得可为已所用的项目。项目的发生也可以借势，借什么"势"呢？可以借知名的品牌、知名的人物、热播的节目、普及的概念、古老的传说、美丽的诗句、公认的信誉、知名的企业、轰动的事件、历史文化遗产等。这些内容都已经存在一定的影响力，新的项目借助它们的影响力去建立和发展，就是"借势"。

3. 揭盖

"揭盖"是在弄清某个事物的真相中发现项目。许多事物的表面是混沌的，深入进去看个明白，发现真相就在其中。大到一个行业，小到一个产品，细到一项技术，深入进去才能看明白，才能从理解到通透。要么发现一个空白或看到一种趋势，要么弄清其中的某种联系找到问题的关键，要么产生灵感创造出新的模式，要么学会机智地利用行道中的潜规则。这么多"要么"，只要一个就能产生一个新项目。

4. 整合

"整合"是找到各种独立资源和要素的关系，在它们的关系中发现新项目。把项目所需资源简单相加是资源组合，整合则是思维创造的功力：发现"资源之间"别人没发现的联系，在新的联系中产生新的功能；把各自"独立"的利益关系联系在一起产生新的利润点；把自己可借助的各种优势集中在一点实现某种市场突破；在改变视角的前提下创造新的运作模式，等等。这些整合是创造性的重要表现。

5. 缝隙

"缝隙"是指对某些成熟产品的薄弱点进行补充或改进而产生新项目。有许多产品有着很长的历史，在漫长的年月里留给消费者不可磨灭的印象，形成了稳定的消费群体。与它久远的历史相联系，其生产工艺、销售模式往往也是成熟的。但生产经营者和消费者对它的缺陷也司空见惯，不去用心琢磨。有的没有标准化，有的在工艺上不讲究，有的不搞品牌推广，有的包装老套，有的质量上存在欠缺，有的在某些功能上明显不足或多余。这就为创业者留下空隙：在接受这个产品的同时改进它的缺陷，强化、优化、细化某些功能。

项目来自于市场、自身、创造，这样的项目是有生命力的，是植根于创业者人生经历、见识、阅历、感悟的。因此，发现项目，尤其是优质的项目，归根结底靠的还是创业者自身的功力。

第三节　移植项目的原则

项目移植是把现成的或别人的项目，通过代理、加盟和引进等方式变成自己的创业项目。代理、加盟和引进的项目，往往已经得到了一定程度的市场验证，其产品和服务得到了消费者的认可，或者已经成熟定型。这就为创业者降低了投入和风险，也有更多的经验可供借鉴。

一、代理一个好产品

代理，就是把别人的好项目直接拿来当作自己的创业项目。创业可以从代理开始，这样既能借助既有品牌的影响力，也可以降低投入和风险。

1. 创业本事的修炼

创业要靠本事，靠能力，实践的历练是能力产生的途径。那么，许多人因没有创业历练而不具有这种能力，那就不能创业了吗？解决的办法只能是从小做起，在干的过程中获得这个能力，让能力的获得与创业的实践同步进行。这就需要一个能够从小做起的切入点，这个点就是销售代理。

在计划经济时代，工厂是政府让生产什么就生产什么，商店是政府给什么就卖什么。工厂和商店没有自主权，再加上长期的商品短缺，久而久之就形成了思维的惯性：生产出来的东西总是能卖出去的。这也是很多创业者的想法。先把产品做出来，然后再找市场，如果市场不认可，前面的投入就落空了，项目也就失败了。这样的创业在市场经济时代显然是行不通的。所以创业者一定要先去锻炼分析、理解、把握市场的能力。锻炼这种能力的方法，最好的途径就是代理。许多成功的创业者就是从做代理起步的，他们自觉或不自觉地经历了先市场、后工厂的道路。

2. 创业起步的策略

选择项目一定要与自己的资金条件结合，不能选择一个启动资金很多的项目，指望靠别人的资金来启动。而做代理，恰恰不需要很多资金。

一是借助项目优势。创造项目的核心优势不容易，也不是一日之功，因此借势就非常必要。代理知名的品牌或知名企业的产品，就是借了它优秀的技术成果、公认的信誉和稀有的资源。这些项目在市场上的优势是存在的，生存和发展往往就是优势的最好证明。

二是防范投资风险。创业的风险是项目没有做成，前期投入损失了。而代理一个好产品则没有这个问题。项目开发的过程、市场目标的定位、市场运作的模式、销售的基本工具，都是已经具备的。在代理中，创业者投入的资金基本与产品数量相对应。这样创业者就能根据自身的条件，由小到大地循环发展。代理也可以避免一次创业失败就背上沉重债务的风险。

3. 创业发展的次序

创业不是一蹴而就的，而是有发展的次序。没有人生下来就是创业者，而创业者必须从小处着手，这就产生了次序的问题。

先打工，后老板。"打工"是给别人干，"老板"是自己干。"先打工，后老板"的意思是：为了自己干先给别人干。代理一个好产品则是二者的统一。为别人销售产品，人家已经提供了基础条件，这很像是打工；同时独立运作自主经营，效益与收益对等，这更是在创业。

先探索，后真干。"探索"是探路摸索，"真干"是真金白银的投入。"先探索，后真干"是在实实在在地干起来之前试一试。探索对理解一个项目是必要的，一是能知道自己做这个项目是否适合，二是检验这个产品效用是否可靠，三是完成对项目构成要素的理解。三项合起来是做好一个项目的资格，这个资格则可以通过代理来获得。

先配角，后主角。市场中有不同角色，有的起到决定性作用，就是主角；有的是配合产业的主力，就是配角。主角是相关领域的领头羊、主导、主体，配角是产品流程中的配套、辅助、服务等。代理一个产品恰恰是在做配角。做配角具有起点不高、起步较快、容易生存、风险较小等优势。借助别人的技术、模式和范例，跟随大势中的成功者并与之同行，是聪明的创业者。

先务实，后务虚。"务实"是干实在的、有用的、重要的、紧迫的事，也就是干与产品能够卖出去最直接相关的事。"务虚"是干形式的、表面的、风光的、排场的事，也就是干与产品能够卖出去没有直接关系的事。代理一个好产品，一开始就做销售这个实实在在的事情，可以把那些形式的、纸上谈兵的东西统统抛弃。

先困难，后容易。创业全过程会面临许多问题。最突出的问题，一定要放在首要位置先下功夫解决。而其他容易办的事情，花了钱就可以解决的可以缓一缓，随条件成熟顺便就办了。而销售是创业者开始经营以后最困难的事情，一开始就接触这个最困难的事情，把它解决了，以后的路就好走了。

二、选对一个好盟主

加盟一个好品牌，做别人产品的加盟商，也是创业的一种方式。选"盟主"是指加盟一个连锁品牌，加盟一个好品牌比代理更直接，更容易上手，更容易成功。而其中的关键，就是选对一个好盟主。

1. 选对盟主是关键

加盟并不是自己开发一个产品、打造一个品牌、创造一个模式，而是复制他人的产品、品牌、模式。那么，"底片"的好坏就是关键。什么样的"底片"是优秀的呢？首先是有生命力的行业。通过加盟来创业要有长远观念，项目必须是与人和社会发展趋势紧密联系的恒久需求。其次是有生命力的品牌。特许加盟在我国鱼龙混杂，要求创业者保持冷静的头脑。

正规的加盟企业，对加盟者都有资格审查程序，不仅要求有资金，还要考察其商业活动经历和管理能力。创业者要警惕其中那些不规范的加盟企业。比如回报特别高的、要求很高权利保障金的，这些都值得注意。正当的实业不可能有过高的回报，正规成熟的加盟企业会根据加盟商的规模而确定不同的权利保障金，用于保障加盟商的合作水平和服务质量。

2. 选对盟主有办法

首先是认真审查对方相关文件，包括法人资格、注册商标、专利证书，以及可供传授的经营模式、技术诀窍等。其次是注意各种费用条款，包括加盟费的数额、缴纳期间、缴纳方式，以及加盟费以外的费用。最后是投资人必须获得的权利，包括经营技术、商业秘密、开业前培训、新资源与信息共享、相关物品的供给等。这些内容是衡量一个加盟企业是否正规、靠谱的关键。

最重要和直接的方法是去考察一下已经加盟的店。最简单的考察办法是以顾客的身份去消费。深入了解的办法是以打工者的身份去工作，实实在在地工作一段时间，就什么都了如指掌了。这样，如果是个好品牌，就掌握了运营的要领；如果不是好品牌，也有了不加盟的依据。

3. 对于品牌要忠诚

忠诚是成功的保证。一旦加盟了一个品牌就要高度忠诚。创业者不要以为选好了加盟企业便高枕无忧、万事大吉，可以坐地收钱了。加盟之后更要全身心投入，扎实做好每个细节，全心全意体会技术与模式的精髓，逐渐消化成为自己的东西。因为，加盟本身并不是目的，形成自己的创业项目才是目标。成熟的品牌经历了多少年的探索，是几代人积累的结果，创业者切不可有偷点工、减点料、提点价，省略个过程、忽视个环节这样的想法。忠诚于品牌就是忠诚于自己。

根据一般的经验，对于一个加盟企业而言，存在3年以上便是成熟的标志。选择加盟企业，一定要选择经营了一定时间的，否则风险和投入都会加大。面临一个陌生的市场、未知的领域和各种不确定的风险，创业者务必要慎重，而最好的方式就是实地考察。

三、改进一个好项目

改进，是指将一个成熟的项目，通过适当的、必要的改善，变成自己的创业项目。

1. 移植的必要

规律告诉我们：项目质量是决定成功的首要和关键问题。而创业者总是在没有实践、进而不懂项目的情况下去选择项目。事实证明，选择好项目的问题是初涉创业的人不容易解决的，需要投入一定的时间。为了保证项目的质量，较快地开始运作项目的实践，对已经存活的项目进行活体移植就成为必要。活体移植是直接拿来成功的范例、经验和模式，学习他人的创意、思路和办法。

2. 移植的标准

能够作为移植对象的项目，是至少有一段时间的运作实践，相对稳定和成熟的项目。而在稳定与成熟的优质项目中，能够被移植的优质项目，还必须具备四个条件：一是该项目的核心优势明显，二是市场目标准确，三是运作流程简单，四是盈利模式清晰。具备了这四个条件的项目，就可以进行活体移植。

3. 移植的对象

要在较短时间内发现一个好项目，理解并掌握其内涵，实地考察是一种实用方法。去项目生产和运营的现场进行直观的调查，会透彻了解一个项目的真相。考察重点就是前面所说的四个条件。创业者要带着这四个问题，去了解企业生产流程、产品、技术、设备等方方面面，看是否符合移植的四个条件。考察得越详细，越能学到他人的东西为我所用。对别人的优点，既要学习，也要启发自己的思维、拓宽自己的思路，以便进行适合自己条件的改进或改造。

4.移植的方式

在项目的移植过程中，需要了解各种资讯，这就要求创业者去参加相关专业的培训，了解基础的技术问题。进入移植过程，则可以通过股权合作、技术转让、市场分销等适当方式解决出现的问题，这就要看创业者具体的自身条件。如果能够在原项目的基础上有实质性的创新和改进，那最好不过。

第四节　选择项目的程序

选择项目，是指创业者面对多个项目决定做哪一个，或者创造出一个怎样的项目。选择项目是创业的第一个可见过程，具有先导性的意义。根据一般的规律，我们把选择项目的过程确定为三个步骤，让好项目在正确的程序中产生出来。

一、先做加法

"做加法"就是开阔视野。有了开阔的视野，创业者才能在更大的范围内寻找项目，在更高的角度上评价项目；有了开阔的视野，创业者才有所比较和鉴别，有深入的理解和把握，正确地选择适合自己的创业项目。

1. 突破思维局限

选择项目的突出问题是视野狭窄，创业者的思维往往被框在了一个圈子里，眼界被限制在一个小范围内。突破思维的局限就如同打开一扇窗户，看到一片崭新的天地。面对创业项目，创业者的思维局限主要有以下几种表现：

在产品种类上，通常只面对个人消费或终端消费，不知道社会的总消费中的 70%～80% 是生产性消费。生产性消费的种类之多，数量之大远远超过生活消费。

在行业种类上，通常局限于传统加工业。传统加工业不是不可以做，但需要有某些特殊优势。问题是在这个行业之外有着不断产生、相对隐蔽的新行业或业种。

在项目形式上，通常首先想到开店，包括实体店与网店。开店需要较大的硬性投入，存货会大量占用资金，而无须大量硬性投入的项目很多。

在获利类型上，通常选择直接而非间接的。事实上，直接获利只是一部分，许多事情的切入点是没利润的，但做下去的利润就非常大。

在获利的时间上，通常选择短期而非长久的。许多项目都需要较长时间的准备，越是有独立优势的项目，越需要花很大的气力打基础，以形成商业价值。

在资本投入上，通常选择货币优先。创业者首先想到做这件事要多少钱，而忽略了智慧才是财富的真正源泉。没有智慧与资源的参与，任何货币投入都很难产生利润。

在服务对象上，通常定位为年轻人。他们的消费范围和消费能力是有限的。其实在这个群体之外，有着太多的具有特定需求和很强消费能力的群体。

在思维形式上，通常模仿别人而不是思维创新。创业者往往只注重"实"的项目而忽视"虚"的项目，只看到"有形"的事情而看不到"无形"的事情。

以上是创业者在思维受限时容易犯的错误，也有很多创业者因此选错了项目。项目必须放在市场的、动态的、全局的大视野中审视，才能发现其问题、局限，进而评价其是否可行，同时找到解决问题的办法。因此，创业者在选择项目的时候，必须要打开视野，开阔眼界。

2. 打开视野的办法

要开阔眼界必须打破思维的限制。经验、阅历、知识积累对任何人都是有限的，信息不对称是必然存在的。创业者只有突破这些限制，不断地获取信息，才能真正打开视野。这就需要做到以下几点：

一是多看。要看财经类杂志，看财经类人物的传记。看了很多这样的材料之后，创业的视野就不同了。

二是多参。创业者要多去参加博览会、产品展销会、贸易洽谈会。如果对某个行业情有独钟，就参加这个行业的博览会或贸易洽谈会，还有专门展示项目的"创业项目洽谈会"。这样就能了解到最新的业界资讯，发现其中的商机和项目。

三是多走。多走一些地方，留心看、仔细看，带有研究心态地去看。对有兴趣、有创意的事物，还要去问、去聊、去观察、去体验。如果能到国外走一走就更好了。

四是多识。多认识企业界人士和专家级人物，与他们相识会有别样的感受和意外的收获。创业者对一个项目有明显倾向的时候，认识这个领域的专家就尤其重要。接触重量级的人物，要大胆而主动，相信他们是愿意帮助和教导年轻人的。打电话或登门拜访要准备好说什么：开门见山，直奔主题，言简意赅，实话实说，有要求则用请教的方式表达。

二、再做减法

打开眼界后会发现很多项目，这么多的项目该做哪一个呢？接下来就要"做减法"。根据什么减？要根据"排除"和"慎重"的标准。不论哪个项目，碰上"不能做"的要放弃，遇到"慎重"的，要审视自己的条件与能力等。

1. 需要排除的项目

需要排除的项目，是创业者要尽量避免参与的。这样的项目主要有以下几种：

政策限制的。国家明确规定了有些领域是民间投资者不能进入的，有的行业的发展是在限制之列的。

夕阳行业的。许多传统的行业已经逐渐消亡，许多传统技术已经被新技术所替代，许多传统的消费习惯已经逐渐消失。

不环保的。这是高压线，只要与影响环境有关的项目碰上，不死掉也是后患无穷麻烦不断。除非有明确的解决办法，即项目本身就是环保项目。

资源紧缺的。原料、材料、辅助材料绝对量日益减少的，或者被国家和垄断组织控制着的。

技术不领先的。没有领先的技术，产品就不可能有较强的功能、较低的成本和突出的特色，也就先天地失去竞争的能力。

需要转变消费观念的。消费观念的转变是政府、社会、多个企业、多年时间才能办到的事情，依靠一个企业的教育几乎是不可能的。

起步门槛很高的。门槛包括资金数量、起点规模、技术含量、工艺难度、检测过程、认证标准等。比如启动资金很大的项目，在不能充分证明项目的优势的时候，不要指望外部资金的介入。

以上这些项目并不是绝不可做，但是其中的风险非常大。创业者往往是初入一个行业，对其怀有比较大的兴趣和热情，所以更需要冷静面对。

2. 需要慎重的项目

需要慎重的项目，指创业者在参与其中之前要反复权衡，认真把握，切不可在不了解内情的情况下盲目进入。需要慎重的项目主要有以下几种：

季节性强的。不绝对排斥，但季节性的销售终归要面对生产与销售的均衡，市场信息反馈的迟滞，资金占有的增大。

产品重量与价值比偏大的。即那些单件产品重量很大但价值很小，这样的产品的毛利润会被运费吃掉，几乎无法开辟外地市场。

产品易燃易爆的。这种项目必定增加生产、储备、运输、销售的难度和风险，并时刻受到有关部门的监督。

安全难度大的。比如食品，特别是儿童食品，没有从原料采购到生产加工到分销渠道的全程监控的把握，就不要涉足。

目标群消费能力很低的。如果产品面对一个消费能力低下的群体，又不可能在短时间内形成规模，盈利是困难的。

不可持续的。有许多事情，短时间看可以，长时间看就不行，种种原因导致不能长期做下去。

直接面对强大对手的。对方已有品牌、技术、市场和消费者认可，密集地占据某个地域，与其直接对抗是不明智的。

没有清晰客户目标的。东西是给谁用的，是不是得到了证实，这个问题是不是已经很清楚了。

严重依附于人的。项目存在建立在别的存在的基础之上，而这个"别的存在"又是自己不能控制的，终究有麻烦。

以上这些项目，创业者涉足时务必慎重。

三、排序测试

排序，是应用标准对余下的项目进行可行性的列队；测试，是按照可行性的序列对产品的目标和功能进行检验。

1. 标准排序

经过了"做减法"，再对剩余的项目进行排序，最终选择出创业项目。要排序，先要造两把尺子做标准，这两把尺子就是市场需求和自身优势。用这两把尺子把余下的项目一个一个度量，项目的需求强度和优势程度就一目了然了。

一是市场需求的尺子。需求必须是直观而具体的，这个标准展开为五个单项刻度：正当的、恒久的、潜在的、有支付能力的、客户目标清楚的。二是自身优势的尺子。优势是创业者本身具有的强项。优势作为标准也展开为五个单项刻度：专业的知识、经验的积累、拥有的资源、独有的强项、特别的兴趣。

先用第一把尺子度量项目，每个项目占有"需求"的得分就出来了。再用第二把尺子度量自己，自己对这个项目所占有的"优势"的得分就出来了。每个项目都会有两个得分，把两个得分相加就有了这个项目"可行性"的绝对值。接着，按照绝对值的大小排个顺序，按照顺序逐一考察。从最大值开始，进入项目选择的最后一步：市场测试。

2. 市场测试

按照上面的步骤筛出来的项目，只要程序正确、内涵真实，就应该是好项目。对这样的项目，还要用试验的办法去测试，才能得出最后的结论。

市场测试要知道四个问题：哪些人买你的东西，为什么要买你的东西，你的东西是否比同类产品更好，你的东西能否满足未被满足的需要。这四个问题的核心是消费者的利益。利益是需求的满足或实现，是吸引消费者放弃原来的产品而选择你的产品的原因。满足消费者需求有两种情况，一是这种需求已经存在还没有被满足，二是产品能够更好地满足消费者的需求。

市场测试，就要让消费者真的使用。在这里，我们要强调：测试的方法不是"问卷调查"之类，而是"让用户说话"。用户真正称赞的，才是最好的产品。

选择项目是创业过程的最重要阶段。选择一个项目的理由是它的核心竞争力，即项目之根。项目有没有根，根是否茁壮，会决定项目以后的一切。

确定项目是一个实践过程。创业者只有在实践中才能获得选择项目的能力。而项目的"魂"与"根"，也同步产生于选择项目的实践过程之中。

第八章　不可逾越的模拟

　　模拟是创业过程的第二阶段，是以探索的方式完成对项目更高层次的理解，以实验的方式完成对项目可行性的确认，以建立小规模系统模型的方式，完成对动态的项目要素综合的把握。模拟体现了对市场不确定性的应对，也是提升创业能力的途径。

　　模拟是一个重要的阶段。化解创业风险、纠正 F 资本中的偏差、确证根的存在，都需要通过模拟来完成。离开模拟，创业行为就是从纸上谈兵直接到了战场，这是非常危险的。创业者掌握模拟运行的方法，按照最小规模、最小成本的方式去推演创业整个过程，对于创业成功率的提高是非常必要的。

　　这一章，首先以三个必经过程的存在，证明模拟的必要性；其次说明模拟对解决问题、规避风险和制约非理性思维的作用；最后明确模拟所要实现的目的和详尽的模拟方法。

第八章 不可逾越的模拟

第一节 模拟的必然

模拟运行上承项目选择,下接运转实现,是一个重要的、不可逾越的阶段。一个项目投入运转之前,先要经历要素资源的磨合,建立起一个动态的运行系统,用真正的实践来检验项目的可行性。模拟是创业的必经阶段,这主要是由从演习到实战、从生产到市场、从实践到能力这三个必经过程决定的。

一、从演习到实战

创业之初,很多事情都具有试验的性质;可是,创业本身就是实战。这就形成了一个矛盾:本来需要探索的对象、试验的内容,却必须以确定的、真实的态度来对待它。人们常常用"开弓没有回头箭"这个俗语来形容这样的情境。而模拟运行就提供了一个从演习到实战的过程,使得创业者有机会以最小的成本投入来避免风险,验证设想,做出调整。

1. 模拟的意识

在创业起步之后,创业者通常要对项目相关的各种资源和要素进行整合,以便建设起运行系统,实现项目功能。同时,创业者还要去摸索项目真正的运营方式,对核心要素和战略资源,以及技术、设备、工艺、市场等进行探索。经过整合与探索,才能得出项目是否可行、是否值得进一步投入的结论。

在结论得出之前,所有的行为本质上都是试验。无论创业者有没有意识去试验,这个试验过程都是存在的,都是无法绕过去的。这其实就是模拟运行。那么，有意识地去展开模拟，就能够有意识地去避免直接的、冒失的大投入，能够带着问题去试验、检验和解决问题。

2. 模拟的目的

即使没有学习过创业学理论，每一个创业者也不会贸然地把所有的资源都立即投入到项目当中，而是要经历或长或短的试验过程。问题往往就会在这个试验过程当中显现出来。

创业者往往怀有非常急切看到成功的心理，可是要素、资源之间的磨合不可能一帆风顺。在模拟过程中，创业者可能处处碰壁、事事不如意，在如技术成熟程度、经营模式、市场开发、产品功能实现、资源配置等方面，都会出现问题。模拟的目的，就是为了发现问题、解决问题。

如果项目具有魂和根，这样的忙乱不顺，不会持续太长的时间。《易经》有云："君子有攸往，先迷，后得主，利。"应用在创业上就是说，项目都会经历"迷"的阶段，而真正可行的、有生命力的项目最终能够脱颖而出，得到发展。

3. 模拟的必要

创业者固然需要信心，但是仅有信心是远远不够的。既然要运行一个创业项目，创业者肯定是对它的逻辑有一定的认知，而错误往往也在其中。创业者往往把有待证实的结论，当作启动项目的前提；往往把本应该事先准备好的条件，当作项目展开之后的结果；往往在本来能用少量资金解决的问题上，投入了大量的、宝贵的资金；往往把可以单独完成的工作，放在了一个大的系统中来完成。

这些现象是很普遍的。之所以出现这样的现象，归根结底，还是因为创业者没有去模拟，就是把头脑中的设想变成了直接的、规模化的行为。这样的错误就告诉我们，模拟是必然的、不可逾越的阶段。

《道德经》有言："弱者道之用。"意思是道以其柔弱去发挥作用。在社会领域，在经济领域，在创业领域，规律的作用并不是像物理学那样立竿见影，而是以隐蔽的、柔弱的方式发挥作用。这就要求创业者一定要有一叶知秋的敏感，去感知它、发现它、遵循它、利用它。模拟运行就是创业者发现和利用规律，去解决项目实际问题的实践过程，这个过程的必要性不言而喻。

二、从生产到市场

任何产品和服务，都因其效用而获得市场上的价值。创业者是产品和服务的创造者，它是否有效用，则要由市场来回答，由消费者——产品和功能的使用者、决定者来回答。制造产品和提供服务的人，并不是产品和服务价值的决定者，这就是市场未知性的表现和创业的风险所在。从生产到市场，这是每一个创业项目必须经历的发展过程。

1. 计划与结果的差别

我们仔细观察每一个项目，了解它从创业之初到存活于市场的过程，就会发现：它最终提供给市场的产品和服务，和它最初的设想之间存在非常大的差异。最初的设想是一个计划，是去想象、推测市场的需求；而最终的产品和服务则是一个结果，是市场真正的需求。

这就告诉我们，生产和市场之间充满未知，我们想象的产品和服务的功能，与市场的需求之间并不对称。一个项目只有发展壮大到一定程度，才有可能去唤醒消费者的潜在需求，或者创造出新的需求，这显然不是一个创业项目能够实现的。这就需要创业者不断去调整，以便适应市场的需求。

如果一个工厂生产出大量的产品，然后这些产品销售不畅，造成大量积压，那么这个工厂就会举步维艰。创业项目更是这样。创业者往往把极为有限的资金，投入到第一批产品和服务当中，万一失败，就会一败涂地。如何避免这种现象？模拟就是唯一可行的方法。

2. 生产的试验性

不论哪种产品与服务，都要以功能为基础进行市场定位：用特定功能满足消费者特定需求。这就有了功能与定位之间的联系，这种联系是相互决定的一种关系。功能会影响消费，但货币选票才使功能最后得以确认。功能的创造者不是功能的决定者，功能的决定者又不可能对尚未产生的功能做出什么决定。这个矛盾就导致这样一个顺序：创造者先把功能创造出来，功能的决定者再对其进行选择。这个顺序对功能创造者来说，是在创造可供选择的、等待检验的样品。功能的事先创造和消费者的最终选择，共同决定着产品的样品性，产品的样品性又决定了生产的实验性。

3. 生产的模拟

模拟的必要性正是建立在功能的样品性、生产的试验性这一基础之上的。很多创业者对功能决定与功能创造的矛盾是无意识的。他们的做法是这样的：揣摩消费者心理，猜度目标群喜好而精心设计、精心生产。然后他们以为尽善尽美无可挑剔了，于是底气上来胸有成竹，开始有规模地制造与营销。可是一旦进入市场，较大面积地与消费者接触，其结果会迫使创业者想起几个词：闭门造车、纸上谈兵、一厢情愿。

这个时候，创业者难免抱怨：我这么好的产品和服务，消费者为什么不认可呢？

但是消费者永远都是对的，而创业者的机会却可能只有一次。创业不是赌博，不是孤注一掷，而是一种科学的创造性行为。这就要求创业者要遵循规律去创业。

再丰富的想象力也无法代替市场的选择。功能被市场决定的事实，使得产品具有样品性，生产具有试验性。这就要求创业者必须以模拟的方式去生产，去创造。而且，功能的产生是资本要素综合作用的结果，它决定着标准，进而决定着工艺技术和必要的规模。所以，产品的样品性与生产的试验性共同要求：在创业的起始阶段，规模要小，要小到以能够产生功能为限。这种生产的试验，也就是模拟。

三、从实践到能力

创业是创造性的实践活动，获得这种能力的唯一途径是实践的历练。而创业者通常是在没有实践经验的情况下开始实践，在不具备创业能力的情况下进行创业。这便产生创业对能力的需要与能力滞后的矛盾。这就决定了能力的获得与产生能力的实践必须同步进行，同步于小规模的探索性实践中。

1. 创业者的两难

事物的普遍性总是寓于特殊性之中。我们探索创业的规律，就是在每一个具有特殊性的创业实践活动中，找出它们一般性的内涵。

创业是一种创造性的实践活动。创业行为是具体的、个别的、特殊的。哪怕是完全相同的项目，也会由于时间、地点、规模和内外部环境的差异而不尽相同，创业进程中遇到的矛盾更是千差万别。因此，创业的个别性和差异性决定了创业的特殊性，特殊性就是创造性。创造性来源于多种知识的综合与丰富的实践经验。

既然创业是一种创造性的实践，创业的能力就只能来源于创业的实践。对初次创业的人来说，事实上面临两难的处境：一方面，创业的实践需要创业的能力作为支持；另一方面，创业的能力要从创业的实践过程中获得提升。这也就是创业者面临的普遍问题：或者望而却步，或者败下阵来。解决这个问题的方法就是模拟。

2. 在模拟中实践

模拟就是以最小成本积累实践经验、提升创业能力的方法；提升的能力和积累的经验，又可以用于模拟之后的运转。模拟运行并不是偷工减料，而是规模小但是充分体现了系统的运行能力。创业者要用模拟的观念、模拟的方式来开始创业的实践。模拟对获得创业经验、增长创业才干而言是一所学校，一所自己为自己建造的学校，其教育作用是其他任何学校不能代替的。

模拟对于创业的整个过程和最终目标的实现是准备、试验和演练，是依顺序进入运转的前期工作，是继往开来的序曲，是创造性能力的源泉。模拟的必然性来源于实践对能力提升的重要性，也是面对两难问题的最佳选择。

第二节　模拟的作用

从演习到实战、从生产到市场、从实践到能力，是创业者必经的三个过程。这是三对客观存在的矛盾，是每一个创业者必须面对的。解决这个矛盾的方法就是模拟。

模拟是在项目选择之后，以探索的方式完成对项目内在要素的理解，以试验的方式完成对项目可行性的确认，以建立小规模动态系统模型的方式实现对要素综合的掌控。模拟对创业的成功产生着重要作用，主要体现在化解创业风险、制约非理性思维、确证项目关键要素的真实性与可行性等方面。

一、化解创业风险

创业是有风险的。创业者所面对的，是充满未知的市场；创业项目的可行性，并未得到足够的检验。而模拟以最小的投入，使得创业者能够有机会去了解市场、集成要素、调整战略，从而获得成功。

1. 规范创业过程

创业有着自身的发展规律，而规律在一定程度上就表现为做事的过程。选项、模拟、运行，就是创业的过程，这三个过程不可逾越。如果忽略了模拟这个环节，或者对模拟不重视、对模拟过程中出现的问题不重视，问题在运行的过程中就会变成可见的、现实的风险，轻则使资源被白白消耗，重则直接导致创业项目失败。

用程序来控制行为、制约进程，目的是保障资金的安全。模拟作为创业必经的一个程序，体现的就是试验的必要性，是对未知市场的不确定性的应对。有了足够的、真实的、深入的模拟，并且在模拟中发现问题、解决问题，使要素资源经过磨合能够更好地结合在一起，确证项目的可行性，为将来的运行打好基础、总结经验，项目成功的可能性就更大，资金遇到的风险就更小。

2. 以程序化解风险

模拟是创业者有目的、有意识、有计划地去验证项目可行性的过程。目的、意识、计划要细化、固定化为程序，这样，一些非理性的行为就会受到限制，各种人为因素造成的风险就可以降到最低。急于求成是创业者普遍存在的心理，而急于求成就意味着有可能越过了本来不应该越过的程序。模拟被硬化为程序，就防止、制约、限制着那些不以人们意志为转移的、对创业不利的因素发生作用，起到化解风险的作用。

在模拟中建立起来的运行程序，既可以在规范的情况下使项目可行性得到充分验证，还可以为将来的规模化运行积累非常宝贵的经验。模拟虽然是最小规模的运行，但是这个最小规模并不代表任何省略。只有以规范的程序进行模拟，才能发现流程中存在的问题，不至规模化以后才手忙脚乱。

二、制约偏执心理

创业者比任何人都应该更了解创业项目，而他对于项目的运行也负有最大的责任。而创业者可能具有的偏执心理，往往是项目最大的敌人。

1. 偏执心理的产生和危害

偏执心理是一种非理性的思维，指思维的主体在并无充分证据、甚至已经存在相反证据的情况下，坚持某种观点是正确的，听不进任何其他意见。偏执心理体现在创业上，就表现为创业者认为项目的某种情况是绝对必然的，因而对于项目的风险因素视而不见。创业者看好了一个项目，对利益的追求一旦落实到具体目标上，追求目标的过程就会强化实现目标的愿望。日益强化的愿望通过持续的自我暗示，非常容易产生偏执心理。偏执心理一旦产生，就自然转化为对目标本身和其相关假定条件的绝对信任。

当创业者对于项目本身及其相关假定条件产生偏执的信任时，就很难从另外的角度来看待项目。不断强化的信任使创业者产生执着信仰，进入一个非常顽固的思维定式。一旦如此，创业者就无法客观评估项目的风险，无法正确看待项目模拟过程中出现的问题，从而失去了解决问题的机会。这就是项目失败的重要原因。

2. 解决偏执心理的办法

偏执心理是创业者经常会产生的心理现象。解决办法就是把模拟硬化为程序，在限制偏执心理发生的同时，还可以限制其他人为弱点，比如因把内心中强烈的期待当成机会与现实去追求而产生的投机心理。各种各样的非理性因素，都可以用模拟来排除。

模拟是最小规模运行的程序化，创业者要像看待两军对垒一样重视它，严格按照程序的设定办事。有一个规范的程序，才能排除各种偏执心理和人性弱点。这个程序在模拟中出现的各种小问题，就是规模化以后将要面对的大风险。模拟使创业者能有一个机会去面对、去解决这些问题，把偏执信任项目的心理，转化为对项目的审视和研究，转化为对项目可行性的实践验证，从而避免"被预定的失败"。

三、确证关键要素

理解项目的方法是解剖。而模拟的重要作用之一，是检验构成项目的要素并发现关键要素，通过检验以深刻理解并证明其可行与否。

1. 检验的目的

对项目构成要素进行检验，要在生产能力即系统功能形成之前进行，而且是对项目构成要素的分别检验。检验的首要目的,是知道被看作项目构成中的关键要素是否真实,是否具有真正的市场价值内涵,进而判断这个项目的可行性。如果项目可行,通过模拟也就知道了项目应该如何做、做成多大规模;如果项目经过模拟验证为不可行,创业者也能及时放弃以避免进一步的损失。

检验的第二个目的,是调节创业者的迷恋心理。创业者有时会对一个项目一见钟情,一经发现便拍案叫绝、相见恨晚;有时会被想象中巨大的利润驱使,而潜移默化地滋生出迷恋与偏执。它一旦产生,会将一切有利于项目成功的因素不由自主地放大,对不利于项目的信息无意识地加以排斥。而模拟检验,就是要排除这样的心理,排除完全出于主观判断而缺乏现实条件的项目,使创业者在实践当中冷静下来。

检验的第三个目的,是防止困难中的慌乱。困难总是存在的,尤其是一个创业项目,面对陌生的市场和各种无法预见的问题,创业者有时候就会非常慌乱。这说明,创业者对于项目的全部要素并未了然于心,或者过去的了然于心是一种假象,因而出现了预料之外的问题,就失去了方寸和应对的办法。模拟可以使问题在萌芽状态显现,使创业者能够在还没有更大负担之前去排除它、解决它,避免规模化运行之后的大慌、大乱。

2. 检验的对象

项目是具体的,但项目中还是存在着共同的东西,这也是创业规律研究的对象。

对于产品制造的项目,通常有两点是重要的。一是技术。在模拟过程中,技术上就应该包括这样一些需要检验的点:先进程度、核心技术、相关技术、相关工艺、所需设备、特殊工具、环保要求、具体标准、包装储运等。还有技术引进的方式也不可忽略。当然并不是每项技术都存在上述问题,但是一旦涉及技术,则务必搞懂弄透,否则后患无穷。二是市场。模拟是对市场的测试,甚至在许多时候,对市场的测试要先于技术。市场测试的目的很简单,就是弄清要把这个东西卖给谁。还要测试价格策略、市场容量、营销渠道、消费者心理、销售方式、流程管理等。这两个问题中，只要有一个不能通过检验得到透彻的理解和充分的把握，任何投入都是死路一条。

而对于服务类的项目而言，标准、模式与内容可以作为检验的对象。一个服务项目的成败，主要在于能够提供什么样的标准，以何种模式来运行。标准关系到能否渗透到特定的服务对象，运行模式则关系到运行成本和管理水平。

3.检验的标准

模拟检验的标准是具体的，每一个项目都有不同的要素，处于不同的市场之中。检验的标准，要根据项目最重要、最核心、最关键的要素、资源来制定。

以把投资物流作为项目为例。首先要建立一套服务标准，它应该包括安全、及时、无差、无损、无扯皮。为了建立这个标准，当然要详尽地考察运输的各个环节，掌握第一手资料。考察不限于铁路运输一种，还要考察公路运输、航空运输和水路运输。其次定位服务对象，要大体掌握目标城市的货物品种、流量和流向，确定以哪一类货物为主，然后确定服务对象。

标准与对象确定后，更重要的是摸索运行的模式。根据标准、运营模式和服务对象企业，至少要选择几项业务走完全部流程。服务标准适用与否？设计的模式可行与否？对象定位正确与否？这些，都需要在模拟过程当中去回答。

模拟，是创业者化解风险、制约偏执、确证可行性的重要环节。没有模拟，直接进入规模化运行，项目很容易就因各种风险而搁浅，并最终失败。而有了模拟，创业风险可以降到最低程度，项目不会被创业者的偏执心理所影响，创业者还可以积累起项目运行、管理的宝贵经验。

第三节 模拟的方法

模拟是创业过程中必经的阶段,对于创业风险的控制有着重要的作用。那么,怎样模拟,可以使用哪些方法来模拟?主要有功能测试、要素综合、逆向运作这三类方法。

一、功能测试的方法

项目就是产品,产品的核心是功能,功能是产品的效用和价值。功能对于产品来说,占据着核心地位。对上,功能联系着以技术为中心的整个制造过程;对下,功能则联系着给消费者带来的效用价值和整个市场。因此,对功能的测试,就是重要的模拟方法。

功能是技术价值的集中体现。技术是否先进、成熟、真实,就体现在产品的功能上。创业者要重视技术创造的功能本身的效用。技术转化为产品是重要的一步,最重要的是体现技术的产品功能,是不是对消费者有可靠效用的价值。只有抓住了功能这个核心,才能够抓住技术的真实价值。

功能来自于技术,功能也要靠市场来证明。产品所承载的功能是为了能够满足人们某种特定的需要。这就要求创业者把目光紧紧地盯住功能,紧紧地贴近最直接的消费者,这才是抓住了项目的命脉,抓住了检验的重点。所有方法都只有在这个基础上才有意义。

1. 延后

一些有商业价值的东西往往被拔苗助长使其加速发育,等不到成熟就急于奉献。此种做法在创业领域是一种通病,即所谓抢占先机。经验却告诉我们，抢先上市的产品多数获得"先烈"的荣誉。最终能站稳脚跟、笑到最后的竟然都是后来者。这是什么原因呢？

新技术转化为产品是不容易的。有设计、材料、设备、工艺问题，有造型与功能、美观与实用结合等许多问题。产品只有造出来，才具备了检验的现实条件，才能够对它的优势一目了然，才更容易发现缺陷，才能清晰地看到完善的目标。而这些，有准备的后来者会干得更出色，因为有借鉴有参照。

一个新产品功能的发育和人们消费习惯的更新，是多个企业共同努力的结果。新产品的成熟是多个企业在竞争状态下完成的。不同企业在产品发育的不同阶段起着不同的作用。有的做了铺路石，为后来者完成了必要的探索与试验之后，便悄悄败下阵来默默无闻。而另一些则吸取了前人的经验和教训，在一个相对成熟的市场上获得了成功。

模拟的观念产生模拟的办法。把功能的完善和市场模式的成熟看作一个过程，在大规模推出之前，有意识地在局部进行试验：小规模小范围地真正的做市场。让市场来检验和完善产品功能、市场模式，到了无可挑剔的时候再大张旗鼓——既抢占先机又不做先烈。

2. 对比

好项目要有某种优势，想要知道优势是否真实，办法就是与同类产品进行比较。找到功能相近的产品或相同类型的服务做比较对象，项目有没有优势、优势有多大就会清清楚楚。要么是成本比相同功能的产品低，要么是质量比同类产品更好，要么是具有同类产品不具备的功能，方便、轻巧、便于操作等。这些优势将会决定产品在市场中的地位如何，也就决定了项目的市场策略。

具体的办法，一是要主动出击。到同类产品的用户中去，到同类产品的经销商中去，主动对比、演示、讲解。二是顺藤摸瓜。藤是同类产品的销售终端，瓜是终端网上的经销商。要么让直接用户去影响经销商，要么让经销商去影响客户，在他们的相互影响中确证优势。

3. 试用

消费者的直接使用是检验产品功能的有效办法。方法之一是赠送试用。确定产品是给谁用的，就把产品给他们试用。不要舍不得，要把试用者看作合作伙伴，试用产品是对你的支持。至于白送了东西，也理应看作是开发成本。试用者不提意见的情况是极少的。他们的感受是创业者坐在屋子里想不到的，也是产品的研究者想不到的。

方法之二是试销。试销通常会有这样的问题：第一炮没打响再放就更困难了，已经给用户一个先入为主的印象，等改进了再去找人家解释，人家是不愿意听的。化解试销风险，一是把试销与正式上市在区域上划分开来，试的地方不销，销的地方不试。二是在试销时不要打牌子，即便是注册了商标也不使用它。等经历了试销过程，真正做到心里有底了，再用商标也不迟。

试用和试销的目的都是检验产品功能。试用的作用主要是检验产品本身功能，而试销不仅是检验产品功能，还能够获得对市场的理解和与经销商打交道的经验。经销商不是市场，但市场必须是经销商。

4. 样板

我们经常看到某些广告当中，由消费者亲自现身说法，宣传使用了某种产品获得了怎样的收益等。这种方法就是样板，样板是指制作一个使用产品的范例，是试用与试销的结合。这种试验通常用于那些已经接近成熟，性能需要较长时间的考验才能暴露问题的产品，对于那些离开使用就难以成熟的产品尤为重要，比如涂料类、农机类、管道清洗类等。

制造样板的办法是与一家产品的使用者建立合作关系。合作的方式是多种多样的。合作的对象是选择在一个区域或一个行业有影响的企业。确定样板，除了试验的作用外，还有促销作用。

不仅如此，样板还可以为将来的市场开发积累经验，锻炼销售队伍。有了一个成熟的样板，再复制到其他地区、其他领域，就会容易得多。

以上几种模拟的方法，核心都是产品和服务的功能。功能上接技术，下启市场，是产品和服务最为重要的特征。抓住这个特征进行模拟，就能切实地检验项目、得出结论。

二、要素综合的方法

综合，是以产品功能实现为目的的，以最小规模完成的对项目构成要素的整合。

1. 前提是可行

可行是指那些项目构成中的关键要素，经过测试后证明可行。可行是实施要素综合的前提条件。对每一个经过检验的对象要素，要达到行得通的标准才可以进行综合。说技术上可行，就要有合乎技术标准的产品；说经济上可行，就要从市场销售价格倒推综合成本，实现利润空间；说功能上可行，就要以终端用户的接受作为标准；说模式上可行，构成模式的环节就要能和谐运转。这些都可行了，要素才能进一步综合、检验。

2. 重点是平衡

平衡是一个项目所包含的要素之间的协调。

一是全部资源的平衡。资源的平衡是一种量的关系，精确是必要的。任何要素资源的短缺，从大的方面看影响系统的联动，从小的方面看则是其他资源的浪费。反之，任何一个部分的过剩则是对这种资源本身的浪费。

二是横向和纵向的平衡。横向的平衡是市场开拓能力与产品（服务）制造能力的平衡。有生产能力与设备的平衡，有产品数量与生产条件的平衡，有生产周期与各类储备的平衡等。纵向的平衡是管理能力与生产经营规模的平衡，资金准备与开发计划的平衡。

平衡的前提是市场。这个市场不是指创业者设计的市场容量，更不是潜力和前景。这个市场是目前一个时期，比如半年或一年中事实上能够占有的市场份额或拥有的客户数量。这是平衡的前提。

3. 策略是"小"

创业基本矛盾告诉我们，创业需要的F资本与F资本的产生是不同步的。解决的办法，是让创业所需要的F资本产生在模拟的实践中。模拟减轻目标实现对F资本需求的压力，同时为F资本的较快生产创造条件，以解决基本矛盾。

"小"是新企业的常态。创业是事物的初始，初始的东西总是小的。这不仅是因为小的事物中蕴含着生存、发展、强大的基质和成长的无限空间，更重要的是，小才易于筹谋、易于看透、易于把握，才能在探索的实践中成竹在胸。如果起点规模大，会把创业者应该在实践中逐渐增长的能力，过早地推到了极限而发生混乱与失控，这反而强化了基本矛盾。

对于创业者来说，创业能力的增长，要适应创业实践对能力的需要。创业者对项目内涵的理解，是在项目由小到大的成长过程中不断加深的；开拓市场的能力，是在由少到多的产品销售中锻炼出来的；管理的能力，是在企业发展的过程之中逐渐形成的。

在创业中一开始就追求高起点，能够运转起来的很少。只有那些从小做起，在生存的压力下备尝艰辛、在残酷的竞争中摸爬滚打、在经受挫折中逐渐成熟的企业，才得以生存并慢慢地发展起来。项目的生命力就在其中。正因为项目有生命力，它才有资格承受压力，有能力参与竞争，有机会经受挫折。

小到什么程度呢？小到只需要支撑系统的骨架、健全的五脏六腑，只要可以发挥系统功能，能小则小。为了达到小的目的，可以不必顾及简单平衡。比如，阶段的市场开拓能力是100，系统功能设定可以是50。达到了100则加一个班。再扩大，无非是系统所需资源的放大，是简单的倍数关系而已。

要素综合的方法，对于创业者透彻地把握项目、严格地检验项目，具有其他方法无法比拟的优势。这是以资本之魂为引领、以项目之根为核心的检验方法。由此也可以看出，项目在任何时期，都显示着资本之魂、项目之根的存在、价值和力量。

三、逆向运作的方法

所谓"逆向运作"，是相对于通常的项目运作流程而言的反向运作。有些问题出现了，可能找不到原因，找不到办法，而逆向运作一下，问题的根源可能就显现了，解决的方法也就出现了。

1. 运作程序的创新

逆向运作是一种程序的创新。通常的项目运作是先搞出产品然后销售。逆向运作是把这个先后的顺序颠倒过来：先销售后生产。先把市场问题解决了，再进行有规模的资本投入，开始产品的生产。这样做的问题是：没有产品销什么？办法有很多。比如不搞产品投入，先做产品代理，有了市场后再开始小规模的试验性生产，产品达标后再进行有规模的生产。试验性生产的前提是开拓出一块市场，目的在于消化技术，掌握控制指标、工艺流程和检测手段等重要因素。

逆向运作还可以更好地化解风险。项目通过逆向运作，可以在先了解、把握，甚至是获得一定的市场需求之后，再去有针对性地满足这些需求。这相当于创业者先有了消费者的认可再去生产，这样目标就更加明确，对需求的理解也就更加透彻。同时，项目的各种要素资源，也就更加容易地综合集成到一起。

2. 先做市场的理由

不断丰富的市场营销理论的主张是：通过市场调查发现需求，根据需求确定创业目标，然后进行有规模的资本投入。多数创业者都经历了这样的过程。事实证明，通过调查之类的方法决定项目投资并不可行。原因是市场预测所依赖的工具和方法并不可靠，消费者为了"配合"调查者，往往倾向于提供调查者"需要"的信息，而这并不是消费者真正需要的。

既然市场重要，为什么不能先把市场的通路问题解决了，然后再去做产品呢？

首先，市场需求的是产品和服务。品牌在一定程度上影响着消费者的选择，而最终决定消费者选择的还是功能和质量。创业者完全可以用非自己制造的办法来满足需求，等到市场需求被证实了，再把属于自己的产品生产出来。

其次，市场需求也取决于创造需求的能力。需求是否真实不仅取决于消费者，还取决于创造者的推动和传播的能力。这个工作就是营销。用什么方法去销售，只能在做市场的过程中学到。产品与服务的创造者，应该在制造产品之前具备影响需求的能力。

最后，做市场的能力与制造产品的能力是两种能力，做市场的能力并不受制造产品的能力制约。没有自己的产品并不妨碍做市场，更不妨碍学习做市场。

3. 先做市场的方法

先做市场可以用虚拟销售的方法来实现。创业者可以找到一个与产品目标功能相贴近的商品来销售，或者把目标产品让别人做出来之后自己销售。前者相当于代理、建设渠道，后者则是委托生产。两者的共同目标是，先不去生产，因此也就不必承担生产的成本和风险。

有许多创业者无意识地走过了先市场后工厂的道路。种种原因使得他们先进入了流通领域，然后再进入生产领域。在这方面，跨国公司的做法就具有自觉性。它们通常是先销售它们的产品，建立它们的网络和终端；等到读懂中国市场之后再直接投资制造产品，而且规模由小到大逐级递进。

委托生产有三种方式。一是租赁。用别人现成的生产条件把自己的产品生产出来，然后再面对消费者检验。产品行不行，市场容量有多大，目标群体在哪里，都可以得到答案。当这些问题都解决之后，再建设自己的生产能力。二是委托加工。它与租赁的共同之处是利用他人的生产条件。不同的是，租赁是使用别人的厂房、设备、工具自己干；而委托加工是把产品的生产交给别人，自己只提供标准进行检验，不参与产品制造相关的管理。这种方式的风险更小一些。三是合作。合作是与现有的社会资源联合。如果自己作为一个主体存在具备某些优势，便可以寻求相关的资源，用适合的方式达成合作，实现彼此的优势互补。

第九章 与运转有关的理论问题

运转是创业的第三个阶段。运转实现的标志是用销售收入补偿全部耗费,企业实现以自身造血功能为动力的市场化生存。运转是创业的第一目标,是一切问题的解决条件。

在创业过程当中,选项是在理解、把握、通透基础上对项目的选择,体现了 F 资本的存在和根的发育;模拟是以产品功能为核心,对项目要素资源总体的把握,是对 F 资本和根的验证;运转则是以销售为核心的,创造企业成活的条件。运转为企业的最终诞生和以后的发展奠定了基础。

既然运转要实现自身造血,使项目的销售收入能够补偿全部耗费,就不可避免地涉及成本、耗费、盈亏等问题。随着项目进入运转阶段,管理的问题也随之产生。运转阶段管理的特殊性和管理的主体与对象——主要是人才问题——也就逐渐显现出来。本章将对这些问题在理论上予以剖析并解决。

第一节 运转成本

成本是重要的经济学范畴。按照普遍的理解，成本是生产和销售一定种类与数量的产品所耗费资源用货币计量的经济价值。而创业是一个特殊的过程，成本在创业过程中有不同的意义和价值。

一、不同经济过程中的成本

1. 成熟经济主体的成本

中国成本协会（CCA）对成本的定义是：为过程增值和结果有效已付出或应付出的资源代价。美国会计学会（AAA）对成本的定义则是：为了达到特定目的而发生或未发生的价值牺牲，它可用货币单位加以衡量。这些定义都重视成本在经营过程中的体现，是成熟的经济主体关于成本核算等方面的理论基础。

成熟的经济主体，可以把生产过程中的耗费划分为固定成本和可变成本。前者是以厂房、机器、设备的投资与折旧等形式存在的，不随产量变动而变动的成本；后者是以原材料、劳动力、经营管理等方面的耗费形式存在的，与产量、销售额等相关的成本。成本是补偿生产耗费的尺度，是制定价格战略的基础，是企业计算盈亏、进行决策的依据，也是企业重要的会计指标。

2. 创业过程中的成本

与成熟的经济主体不同，项目在创业过程中的主要目的不是生产、销售,而是存活。项目固然需要通过生产和销售来实现存活,但是生产和销售本身不是目的。随着项目从无到有、从小到大,企业的生产设备、技术水平、发展规模等不断增长,市场需要深入开发,团队需要培养锻炼,各项规章制度要建立健全,这个过程中的消耗,无法归入到成熟生产过程中的成本定义。

而这种成本又切实地存在着。包括在项目开始运转之前,办公、经营、管理、人员、固定资产等各种方面的支出也一直在发生着。这些成本看上去与成熟企业生产和销售过程中发生的成本在形式上是接近的,但在本质上又有所不同。经济学、管理学上的成本,是以利润作为终端目标而核算的支出;而创业学上的成本,是以项目运转存活为目标而必需的支出。

这两种不同的成本定义,体现了创业过程的特殊性,也体现了创业学要从管理学、经济学当中分离出来的必然性。

二、创业运转成本

既然创业有着特殊性,它不是以利润作为终端目标,而是以项目运转存活作为唯一目标,那么,对项目运转的成本,也就理应有不同的理解和定义。

1. 两种成本的差异

运转成本到底是什么?与固定成本比较,运转过程中一样需要厂房、设备等固定资产的投入,但是这样的投入至少暂时无法以货币方式计量到单位产品当中,不符合一般的关于成本的定义。与可变成本比较,运转过程中也确实有经营、管理、市场开发、原材料耗费、人员等方面的支出,这些支出同样不能简单地以生产量、销售额作为依据来进行核算。所以,我们需要一种新的定义,来解释项目在运转过程中发生的支出。

2. 定义运转成本

因此，我们采用一个新的概念，来定义项目在运转过程中发生的支出，即运转成本。根据对创业过程的普遍观察和总结，以及对创业目标、过程、形式等的分析，我们不难得出运转成本的定义。运转成本，就是以企业存活为目标，在项目运转成活、实现销售收入补偿全部耗费过程当中发生的成本支出。它不以单位产品资源消耗量的货币化作为计量依据，而是具有投资属性的前期成本支出。

运转成本不同于创业的成本。创业者在创业过程中的各种资本性质的投入，创业者的经历、阅历、经验、知识、能力升华转化的 F 资本，创业者为项目运转成活、为寻找、发现、培育项目之根所付出的心血和精力，都是广义的创业成本的范畴。而运转成本特指项目为了存活而进行生产、交换等所需要的直接耗费；运转的目标和项目存活的标志，就是生产、交换产生的销售收益能够补偿这些直接耗费。运转不是对固定成本的补偿，而是对直接支出的物料消耗，以及人员、办公、行政、管理等方面的支出的补偿。

第二节　固定成本补偿的误导

在厘清成熟市场主体和创业项目不同的成本定义之后，我们有必要对创业过程和企业生产经营过程中对于成本的不同理解予以进一步的分析和研究。

一、固定成本补偿理论

投资的目的是资本的保值和增值，固定成本的投入通过企业的盈利而回收。流行的观点认为，固定成本在生产经营过程当中还会发生维修、折旧等方面的耗费，这些都需要企业盈利作为补偿。

1. 理论的来源

经典的经济学理论，把这部分补偿定义为固定成本在生产经营过程中发生的价值转移，即固定成本的价值在生产过程中转移到了产品当中，产品盈利中的一部分就要用于补偿这部分价值转移。为了计算这种价值转移，会计学上要对厂房、机器、设备等固定成本进行折旧，将其以货币形式计量到单位产品当中。这就是固定成本补偿的理论来源。

有些经济学理论认为，固定成本在生产过程中仅发生价值转移，利润则是生产要素中劳动力部分创造的。这就否定了资本投入本身的价值，并且赋予了资本原罪：资本并未创造价值，因此资本占有利润是不合理的，它只应该获得固定成本补偿的那一部分和根据利润计算的利息收入。

2. 理论的谬误

上述理论显然不符合市场经济条件下各种经济现象的观察结果。资本以各种形式投入到生产经营活动当中，必然要以获取利润作为目标回报；资本是生产经营活动存续的条件，它发挥的作用并不是简单的价值转移。

利润不是生产的结果，而是市场交换的结果。一件产品的价格，并不取决于它里面包含着多少资本、多少劳动，所谓"社会必要劳动时间"仅仅是一种统计的结果，而不能证明某种产品就必然价值几何。如果我们进一步分析，市场上并不认可某种商品具有多少"价值"，而仅仅有交换的价格作为依据。这样的例子非常普遍：农民种植普通大米可以卖到5元/千克，而种植新品种大米可以卖到20元/千克，这并不能说明农民种植两种不同的大米耗费了不同的"社会必要劳动时间"；也没有理由把新品种大米的研究成本等都平摊到它的市场价格当中，因为农民购买种子的时候已经"补偿"了这部分成本，而这部分成本的差异，无法解释普通大米和新品种大米之间的价格差异。同样，我们也不能说，这样的利润就是非法的、罪恶的，因为它来自于公平、公开的市场交换，是市场供求关系决定的。

继续分析上面的例子可以知道，普通大米和新品种大米中，土地、设备等在生产、加工过程当中的作用几乎是相同的，农民付出的劳动几乎也是相同的，这些要素在产销过程当中都并未投入更多。那么我们是否应该把种植新品种大米的利润，从农民手中夺过来转交给新品种大米的研究者呢？这显然是荒谬的。农民选择种植新品种大米，显然不是为了补偿土地、设备等的消耗，而是为了谋求利润。不仅大米的产销是这样，其他产品的产销，也都存在类似的现象。

既然利润来自于市场交换，而不是各种形式的价值转移，那么，把固定成本的作用，理解为"价值转移"，因而需要利润进行补偿，这样的逻辑就是站不住脚的。

补偿正是源于价值转移这个思维中的想象。由于认定机器的价值能够转移到产品中去，产品中就理所当然地包含机器的价值，机器的价值就顺理成章地要体现在产品价格之中，就应当在产品的销售过程中收回来，把它从销售收入中提出来放到一边积攒着，等待若干年后去更新机器。然而，貌似合理的逻辑，在实践中往往不是那么回事，固定成本的补偿就是典型范例。

3. 技术上的不可行

一件产品中到底有没有机器的价值暂且不论，我们姑且认为有，那么有多少呢？一件产品的价格中有多少是机器的转移价值？这根本就没有任何办法计算。

首先，计算条件上不可行。假定一个企业只有一台机器，只生产一种产品，十年以后机器报废了，用机器的原值除以全部销售量，便知道了每件产品所包含的机器"转移"价值。然而，这是"死后验尸"：十年之后算总账，在机器报废以前的时间内，不可能知道单件产品中有多少机器的"转移"价值。那么，计算的依据又从何而来呢？如果假定产量、价格等都固定，当然是可以计算的，那也就回到了过去计划经济的老路。

其次，计算的依据都是未知数。按照价值补偿的思路，要想知道一个单件产品中包含多少固定成本转移价值，有三个数字是计算的前提。第一个数字是机器能使用多长时间，它决定着机器在每个计量周期的价值；第二个数字是产品数量，在机器报废之前能生产多少产品；第三个数字是产品价格，产品将会以什么样的价格卖出去，价格中有没有超过直接生产成本的加价，这是能否对机器价值进行补偿的物质条件。这三个数字事实上都是未知的。所以，单件产品包含多少固定成本"转移"过去的价值是根本不可能计算的。

二、对于创业的启示

既然不存在所谓固定成本的转移，也就不存在利润中对固定成本的补偿，那么在创业项目当中，就不能过多考虑这样的问题：如何收回固定成本的投资。

1. 项目运转的目标

创业者在经历了选项，经历了以最小规模运转的模拟之后，就要进入到创业的第三个阶段——运转。这个时候，运转成本就成为创业者的重要考量。

创业需要投入各种资源，包括厂房、设备等固定成本。这些成本会体现在创业过程当中，是运转成本的一部分。与生产成本不同，运转成本的对价是企业的存活，固定成本的投入，也就体现为运转存活的必要条件。在运转这个阶段，企业要实现的是存活，而不是如何尽快地收回投资。这就是说，创业者的眼光要放长远，要把企业自身造血功能的壮大作为首要的目标。如果把项目的发育作为"利润"，那么利润最大化的目标不是去补偿成本、收回投资，而是项目的长远发展。

2. 努力降低运转成本

成本控制是各种市场主体的目标之一，创业项目也不例外。不同的是，创业项目降低成本的目标在于降低固定成本的投入。因此，创业者就需要把项目的规模设计在一个成本上可以接受的范围以内，在这个范围内谋求生存和发展。

发展的规模和发展的能力相辅相成。规模需要能力，能力部分地体现在规模上；发展能力决定了发展的规模，而发展规模的壮大又强化了发展的能力。这就需要创业者有这样一个意识，企业不是一口吃成胖子的，而是要量入为出，滚动发展。

创业项目对于固定成本的投入，要以运转作为唯一的目标。项目实现运转，才能以自身的造血功能冲销造血过程中的消耗，逐步实现盈利并回收前期的投资。这就涉及另一个问题：盈亏的平衡。

第三节　盈亏平衡点的误导

在经济学和管理学中，都用专门的篇幅讲述"盈亏平衡点"（或"收支平衡点"）。读者会看到一些平面直角坐标系和公式，来说明这个概念。然而，盈亏平衡点仍然是关于成熟市场主体的，不是关于创业项目的。

一、主题与内容的背离

盈亏平衡是成熟企业对于总成本、总销售、总利润这些重要指标的综合考量，是一个成熟企业努力达到的目标。而对于一个创业项目来说，经济学和管理学中盈亏平衡的思维却往往是有害的。

1. 看上去有用

凡是对经济学、管理学有所了解的人都知道盈亏平衡点的概念。在一个直角坐标上有两条向右上方伸出的直线，一条是总成本——由固定成本为基点伸出的，另一条是销售额——由单价乘产量得来的。它们相交的那个点就叫做"盈亏平衡点"。在这个点上的产品数量或销售额是企业收支平衡时的产品数量或销售额。运用这个图表和与之相应的公式能够告诉企业的经营者：多少销售收入或某一价格的多少产量，能让企业不亏也不赚，能够运转下去。如果真是这样，这个表和公式当然是很有用处的。

2. 经不起推敲

图表、公式和模型是经济学研究的重要工具。而在盈亏平衡点图表上隐藏的却是内容与标题的背离——图表中的内容与图表所要表达的思想完全是两回事。

在经济学上，收支平衡的含义，是把固定资本投入全部收回。"平衡点"上的成本，是由固定成本横线之上射出来的线条，是包含了全部固定资本投入的总成本。这个总成本分摊到每个单件产品的价格当中，随着产销量的增加，累积到一定的数量——能够全部补偿固定成本的那个产品数量，即所谓"平衡点"的数量。这数量是什么？是在生产之初投入的全部固定资本。这个数量说明什么？说明的是全部固定资本投入一次性收回。因此，所谓"平衡点"不是平衡点，而是收回全部固定资本投入的那个"量"点。

3. "平衡点"不是固定资本的等量收回

创业项目在达到所谓"平衡点"之前固定成本已经成倍地收回。一个创业项目的销售额，并不是一次性达到某个数量，而是累进的。比如，"平衡点"上的销售量是5000件。在达到5000件之前，会分别经历并且实现1000件、1500件、2000件、3000件、4000件的销售额。不同于成熟企业量的线性增长过程，创业项目会在每一个阶段上维持一段时间，然后才会进一步发展。对于成熟企业来说，销售额增长曲线的含义是数量按时间顺序的增长；而对于创业项目来说，销售额增长曲线的含义是产销规模和能力按时间顺序的增长。显然，前者是线性叠加的结果，而后者是发展壮大的过程。仅以销售额作为参数，如图1所示，左图表示了成熟企业的平衡点，销售额是线性叠加；右图表示了创业项目的发展过程，销售额是累计计算。

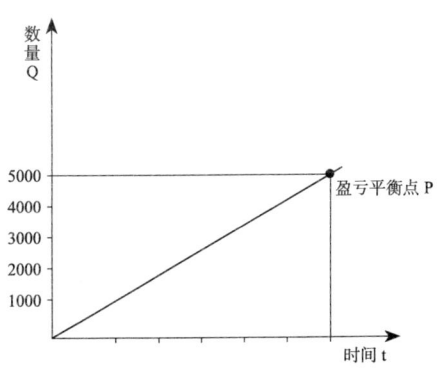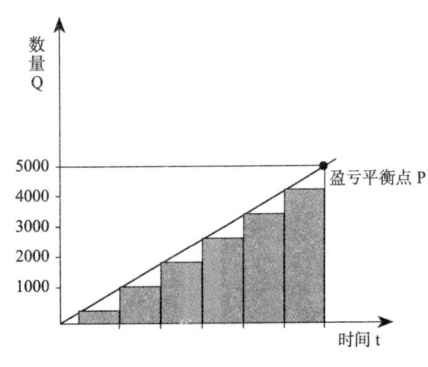

图1

在达到"平衡"之前,每一件产品的价格中都包含了固定成本,每一件的销售收入中都包含了对固定成本的补偿。既然创业项目是产销规模的增长,它就不是简单的叠加,而是累计。

使用数学工具我们可以简单得出,对销售额直线方程 $y = kx$ 的积分结果是 $y = k/2\, x^2$。即使销售额的增长是其他形式的曲线,其积分的结果也不会是原来平衡点的设想结果。这说明,对于创业项目来说,平衡点并不是固定成本的等量回收,而是增值回收。一般而言,成熟的企业把盈亏平衡点作为设定的目标是可行的;而对于创业项目来说,这个平衡点的设定忽略了项目从无到有、从小到大的发展过程,因而是不适用的。

4."平衡点"是补偿后的"利润点"

那么平衡点到底是什么?实际上是补偿后的利润点。在达到 5000 件那个"时点"的时候,项目一次性收回了全部固定资本的投入。在达到平衡点之前累进的销售收入中,又更多收回了固定成本。这说明什么?说明在所谓盈亏平衡之前,不仅已经实现了固定成本的补偿,而且获得了利润。这样,"盈亏平衡点"早已没有任何平衡的意义了。对于创业项目来说,如果销售状况真如图 1 表示的那样,事实上已经是获得了超过固定资本投入几倍的"利润点"。

这样的理论,对于成熟的企业来说或许并不是大问题,经营者自身是掌握盈亏平衡的,他们都会发现其中的问题所在。而对于创业项目来说,这样的理论往往会误导创业者。

二、对创业的直接误导

经济学、管理学与创业学是不同的范畴。在经济学、管理学上可行的盈亏平衡点,在创业学上却是不适用的。

1. 引向固定资本补偿的陷阱

"盈亏平衡"的思想及其计算方式，普遍出现在各种经济学、管理学的理论当中，但其对于创业项目来说并不适用，而且会给创业者带来非常有害的影响，把他们引向固定成本补偿的陷阱。盈亏平衡理论告诉成熟的企业，为实现盈利要达到一个数量，在这个数量上固定成本得到了补偿。而对于创业项目，这个补偿又是在资本投入的时候就开始了。那么，这实际上就要求企业的每一分钱投入都要立竿见影地获得收益，对于创业项目来说，这将会使运转成为不可能；一旦离开运转，就意味着创业失败。

为什么不能急于补偿固定成本呢？几乎所有的创业实践都能说明，在创业的开始阶段，即对于一个新企业新产品，能够首先补偿变动成本，即直接的生产经营成本已经是不容易的事。任何一种新产品或新企业，在启动后的一个时期内，与同行业、同类产品相比较而言的较高单位成本是绝对不可避免的。这体现了一个新创办的企业发展的过程，而这个过程是不可能逾越的。

在项目急需发展壮大的时候，创业者把固定成本强行分派到单位产品的价格中去，必然遭到市场的拒绝。在未形成垄断的市场上，价格并不是单方决定的，强行分派固定成本只会单方面提高价格，使得销售额因需求—价格弹性而受到影响，进而影响项目的生存。这显然是不智之举。既然如此这般地急于收回投资，那么干脆不投资，岂不是"就地"收回投资了吗？

2. 个别成本无法决定市场价格

图 1 中表达的内容，引导创业者产生的另一个错误的认识和做法，是产品价格可以由个别的成本决定，定价可以靠自己算账来决定。这个观点，不论在理论上还是在市场经济的现实中都是不对的。

我们需要再一次强调，价格是由市场交换决定的。企业单方面制定了价格，而消费者在众多选择面前接受了某个产品的价格，交换因此发生，价格也因此得到确认。消费者并不关注产品的个别成本，更不会关注企业的所谓"固定成本补偿"。消费者选择某个产品的理由,并不是它完成了固定成本的补偿,而是消费者认为在这个价格上进行交换,他获得了收益。

盈亏平衡对于创业项目和成熟市场主体之间的不同含义,是创业者必须要注意到的。创业者要抛弃经济学、管理学当中固定成本补偿和盈亏平衡的思维,以创业学的眼光去看待项目的发展和运转。

第四节　人才本质与制度

孟子曰："仁也者，人也。合而言之，道也。"所谓仁，说的是人，仁和人合起来说，就是道的所在。创业归根结底是人的问题，创业者的经历、学识、能力等升华形成F资本，F资本的品质就决定了创业的效果和成果；人才又是创业项目成功重要的条件，创业者要吸引人才、发挥人才的作用，前提就是理解人才、尊重人才。在理解和尊重的基础上才能吸引人才，用目标的同一性作为共同命运的纽带，创造出以人为本的管理制度和企业文化。

《易经》有卦名曰"同人"，表达了相互扶持以获得成功的道理；《周易·系辞上》还说"二人同心，其利断金"。这些都说明了人的重要性，尤其指出了"同心"是事业成功的关键。

一、人才的本质

人才是什么？通常的理解是有文化、本事、技能、专业知识与学历的人。这样的认知失之浅薄。

1. 对人才的一些错误认识

无论是怎样的认识，对于人才的重视都是一致的。立论者往往把自己看作主体，把人才作为研究的对象，这或多或少是对人的物化。比如，把生产力看作人类征服自然、改造自然的能力，又把劳动者（人才）看作生产力的一部分，显然是把人当作了一种能力的载体。既然是物，就关乎使用和支配的问题，这是对人才的不尊重。

把人当作器具、工具，当作研究、认识、管理、使用的对象，这就限制了人的主观能动性，也就不可能真正做到尊重和吸引人才。

2. 创业项目中的人才

创业是一项创造性的活动，创造性只能由人作为主体来完成。因此，人才在创业中的定义，就是拥有创造性、发挥创造性、创造性地参与和完成项目的人。这样的人是创业者合作的伙伴，是为了共同的目标走到一起的战友。

人才拥有自我的意志，是自我独立意志支配的对象。因此，创业者所团结的人才，正是要发挥这样的自我意志的主动性，把创业项目当作自我意志的目标，并为此展开不懈的追求的人。这才是理解人才的根本点。

二、人才的特性

康德认为："人是有自我目的的，他是自主、自律、自决、自立的，是由他自己来引导内心，是出于自身的理智并按自身的意义来行动的。"人才的自我意志，可以外化为四个特性——自主、自律、自强、自立。

1. 自主

人才的主体存在感更加强烈，有着明确的目标、认识、情感、意志和行为。自主的人才顽强地要求按照自己的意志来支配时间、完成工作，反感他人的指使，厌恶外界的干扰。

这就需要创业者以共同的目标来发挥人才的自主性，要把人才的意志引导到创业目标上，让人才自觉地发挥主动性来开展工作。创业需要的创造力因此生发，这也是创业者及其团队坚持不懈的动力之源。

2. 自律

自律是对人生目标有意识、有目的、有计划的践行。践行不因外界的因素而轻易改变，在困难的情况下能够奋发坚持。自律是优秀人才的重要特性。创业艰难百战多。唯有自律，才能战胜各种干扰，获得知识、能力的提升，成长为一名优秀的人才；唯有自律，才能在创业这样不断面对困难的情况下不改初心。创业者要充分信任和发扬人才的自律，以宽松、友好的环境让人才自觉地发挥作用。

3. 自强

天行健，君子以自强不息。对于现状的不满足，对于平庸的拒绝，对于美好的追求，是人才自强的共同特性。创业本身就是创业者出于自强的选择，而创业团队需要的，也是自强的人才。一个自强的团队，在竞争激烈的市场中才有资格立足，才能获得成功。创业者要善于激发人才自强的心理，变自强为自信，变自信为行动的力量。

4. 自立

人才崇尚靠自己的奋斗、靠真才实学独立于世，寻求发挥自身能力的广阔空间。创业项目要实现运转，运转就是一种自立。自立的行为就需要自立的人来完成。创业者要把自立之心根植于团队之中，使团队的每一个成员都能独立地、自觉地去完成工作，并把它当作一种主动的行为。

"四自"显然并不足以概括人才的所有特性。不同的项目需要不同类型、不同领域的人才，我们只是从共同的精神特质上，去理解人才，并为下面的讨论奠定基础。

三、人才的关系基础

关系，是指创业者、投资者、资产所有者、事业开创者与各类人才的相互关系。

1. 关系的天然性质

我们无须回避，无论怎样尊重人才、理解人才，创业者和人才之间仍然存在着雇佣、领导、管理的关系。这种天然预设的关系，很容易被主体人物不自觉地放大和外化而形成君主意识，在对待人才上表现为雇佣观念，形成管理与被管理、支配与被支配、使用与被使用的关系。这与人才自我意志的主体本质和"四自"的外在特性相背离。创业者必须从人才的特性出发，摒弃先天的主雇关系，确立平等的合作契约、利益共享关系。

2. 正确的关系

创业者与人才是对等的两个意志主体关系。这种关系表现为：由共同的事业目标决定的同志、同事、伙伴关系，由"义"和"情"决定的兄弟、战友、朋友关系。职务称谓是角色与分工的差异，不能视之为等级从属和地位高低。特别要防止外行领导指挥内行这种扭曲关系的产生。

3. 人才是"相对主体"

从人才所分工主管的事情出发，人才的地位就应该上升为相对主体，相对于名义的、先天的、初始的从属关系而上升为关系的主体。事情是人做的，事情的重要是由人来体现的，对人才地位的提升是对事情本身的提升，是对事情重要性的确认。人才相对主体地位的确定，决定了创业者与人才的关系是服务，服务的内容是为人才创造性、开拓性的劳动提供保障和条件。

四、寻求制度创新

韩非子在讲人才的时候，用了一个非常贴切又耐人寻味的字——"尽"。他说："下君尽己之能，中君尽人之力，上君尽人之智。"这句话讲出了人才制度的重点。

1. 寻求共同目标的激励

"尽"，是尽能、尽力、尽心，是能力主体的行为发挥。是什么决定了这种发挥？不是人才以外的任何力量，只能是源于人才的自主性——他的价值观念、主体意志、人生目标。这决定了要尽人才之能、之力，就要寻找企业目标与人才目标的共同点、结合部、交叉处。这样，企业目标便成为人才认同的，值得为之持久努力的个人目标。这样，企业价值观、企业文化，所有这些的集中体现者——创业者的人格魅力、创造美好未来的决心、领导企业发展的前景等，便成为融合人才目标的条件。

2. 创造发挥才能的条件

共同目标是尽人才之才的基础。有了这个基础，就要创造人才独立发挥才能的条件。条件要靠制度创新来创造，是制度设计的核心、制度安排的出发点和归宿。制度是解决人才独立性问题的根本。

第一，独立是自主的条件。自主是自由的实现，自由是一切创造性思维绝对重要的思想环境。没有独立、自主、自由，任何才能的发挥都是不可能的。这正是人才与体制冲突的根源，也是解释许多与人才有关现象的关键所在。

第二，独立是真诚的给予。《中庸》有言："唯天下至诚，为能尽其性。"真诚通过独立表达信任，信任通过情感的作用转化为压力，压力的另一面就是动力，动力是人才发力的支撑、创造力产生的根源。

第三，独立会引导出人的责任感。责任感决定了人才会像投资者那样思考问题，像资产所有者那样吃苦耐劳、乐在其中，甚至会为了明日的收获牺牲眼前的利益。独立性是尽人才之能的舞台，让人才能找到把握自己命运的感觉，能够创造表现自己、证明自己的机会。

3. 建设自主创造的平台

人才独立性的发挥要有一个平台，而平台的创造可以通过业务的拆分实现。拆分的可能来自业务本身所具有的相对独立性，从生产、供应、运输、仓储、技术和设计，到销售中的区域、终端、通路，甚至生产中的主要设备、大型工具都可以单机独立。拆分的方式多种多样，只要以独立性为目的，从实际出发，从分公司到独立责任体到单一目标小组。在创造独立体中,目标要明确而单一,与上面、与周边的关系要简单。这样,人才才能发挥自主创造性,为项目的发展更好地发挥作用。

4. 搭建实现价值的舞台

实现自我价值是人类最高的需求。这就需要创业者把企业的长远目标和团队、人才的个人目标紧密结合在一起,建立起能够让团队、人才共享发展收益的制度。项目要成为团队和人才实现自我价值的舞台。这就需要创业者有胸怀天下的梦想,有脚踏实地的努力,能够让团队和人才看到真正的希望所在,并且为之奋斗。

远期的目标不等于现实的薪酬。创业项目的资金肯定是非常紧张的,处处都需要用到钱,但是不可因此忽视薪酬。薪酬是对价值的尊重,要为员工创造尽可能好的薪酬条件。当然,更重要的是让员工感受到发自内心的尊重、竭尽所能的诚意以及制度上的公平。

人才是创业项目实现运转的基本条件之一。尊重、培养、发现、吸引人才,以共同的目标、良好的制度、宽松的环境,激发人才的自主能动性,为了创业项目的发展而尽心尽力,这是创业者作为一个领导者、管理者的基本能力,也是决定一个人能否成为合格的创业者的重要标准。

第五节 创业管理的特点

运转意味着一个项目初具规模,不再是逐个地解决比较单一的问题,而是面对一个系统。实现运转后管理的问题便自然提上日程。是运转使管理得以产生,是运转提出了管理的内容,是运转实现着管理的目标,是运转证明着管理的效率。创业者向管理者的过渡是在运转中完成的。

一、管理内容在运转中产生

管理的内容和对象是管理的前提。运转使管理成为迫切的现实,需要创业者完成身份的转变,作为一个管理者去面对整个系统。

1. 运转是管理的前提

管理首先是要管什么的问题。管理的对象只能在运转中产生。在创业的前期阶段,面对的是项目问题、资源问题、要素问题、必要的探索和试验等问题,都是比较单一的问题。员工人数可能在三五个至十几个,许多事情并无非常明确的分工,各个部门之间的流程还未有效建立,管理体现在各个流程的探索和建立之中。一旦进入运转,创业者面对的是资源要素的综合,是各个部门的联系,是几个或多个环节串联起来运行的系统问题。这就产生了管理的对象和需要,产生了管理幅度和层次问题。

2. 管理是一种实践

管理是一种实践。科学知识是先人的积累,可以通过学习和继承传播下去。实践则需要创业者自己去完成。前人的成果只能是个坐标,可以从中得到一般性的启示；也可以参照其运行的轨迹，照样先做起来。但是照抄照搬不能代替亲力亲为，管理是很经验性、实践性的事情，其中既有规律的因素，也有特殊的地方。尤其是作为创业者，管理要从实际出发，从产品、技术、人数、规模、发展阶段、资金状况、人员素质的特点出发去建立制度。这无疑具有非常强的实践性，需要一段时间的磨合和调整。

3. 管理重点由系统决定

创业者管理的对象是运转的系统。在这样一个系统中，技术、人才、市场、销售等一个个链条，在流程的控制下实现运转。管理的重点，就由系统的流程和关键决定。

项目进入运转阶段，单个的问题已经在模拟过程中得到部分解决，而规模化产生的新的问题还需要创业者去面对。此时，项目开始进入规模化，但是还不够正规化，创业者面对的管理对象，仍然是具体的问题。创业者要迅速完成身份的转变，在解决问题的过程中总结经验，形成制度，实现制度的管理。

二、管理目标是市场提供的

1. 适应市场产生管理目标

管理学涉及的是企业内部的决策、控制、组织、协调、指挥和激励，是人、财、物、流等事宜的处理。这是对于成熟的市场主体而言的。对于一个创业项目来说，管理则有它的不同之处。

项目进入运转阶段，目标就从内部的建设转向了外部的市场。项目提供的产品和服务是庞大的市场的一部分，是市场大的产业链中的小小一环。因此，项目对市场首先是适应。市场会对项目提出各种要求，这些要求就会转变成为项目的目标，因而也就成为管理的对象和目标。

管理目标的检验也在市场。市场不仅提出和检验目标，也能提出解决问题的办法。只要花时间、下功夫，不断深入地理解市场目标的需求及其变化，管理的目标和重点、管理的方法和经验、管理所需要的各种制度和流程也就会逐渐清晰起来。创业者就是在这样的过程中完成向管理者身份的转变。

创业者要建立起以市场为目标导向的管理思维，按照市场的要求确定管理目标，再把管理目标细化为流程、对象，从上至下地设计。这是适应市场的过程，也是项目从模拟、运转，走向正规化的过程。当管理的制度逐步建立起来，项目也就完成了创业过程，成为一个基本成熟的市场主体。

2. 管理的工具是有效的制度

制度是系统组织、协调、控制的工具和手段。一个大的市场目标，转化为项目的系统目标，还会细化为各个部门、流程相对独立的目标。每个部门各自的任务分配、部门之间的配合协同，这些都需要以常规的手段实现。这些常规的手段在项目的发展过程当中逐步明确清晰，并且成文，就形成了企业的各项制度。

制度是一种自动的规则，规定了各自的责任，确定了每一个岗位、部门、工种、流程的边界，确立了工作交接的关系，对于各种偏差有着自动纠正的作用。制度还用以评价每个部门、每个员工的工作业绩，为激励提供依据。总之，制度是管理的工具。

成熟企业的各项制度的完善突出表现在细节上，员工的每一个行为都有制度有效的控制和引导。而创业项目需要发挥员工的创造力，各项制度不可能如此细化，更没有这样做的必要。我们前面说过，创业项目管理的目标来自于市场，是根据市场目标所做的细分，那么管理的制度也是如此，首先要解决最重要、最迫切的问题，然后才是逐渐的细化。

因此，创业项目的管理制度，重点就是简洁和有效。简洁是为了充分发挥员工的主动性、灵活性、创造性，让员工在系统的运转过程当中去创造制度化的经验；有效是为了让系统最大限度地正常运转，是创业项目实现从模拟到规模化、从规模化到正规化的成长、成熟。这就需要创业者去不断发现、总结和提升，把制度当作企业文化的传承，使之成为员工自觉创造和遵守的准则。

上述辨析主要针对与运转相关的理论问题，而真正实现有效的运转，使项目在市场竞争中存活下来，还需要创业者去创造各种条件，让资本之魂和项目之根真正地发挥作用。

第十章　创造存活条件的运转

创业过程中的运转，不是成熟企业以盈利为目的的资本循环，而是创造新企业生存条件的项目运作过程。运转的目的是生存，方式是补偿，项目的一切都要服从于运转，服务于运转。为实现通过补偿耗费而生存的目的，项目运转仍然是规模要小、投入要少，在运转中不断壮大。

本章以运转为中心，首先论述作为创业过程第三阶段的运转的特殊意义，然后论述运转是解决新企业一切问题的前提，最后明确运转实现的条件以及创造这些条件的观念与方法。

第一节 魂与根的融合

运转是企业生命的存在形式。存活是有关创业的一切能够存在的条件，运转是解决创业各种问题的机会和途径。大到战略目标，小到业务流程，没有运转问题就不会显现，遑论解决问题。运转的目的是企业成活，实现这一目的的基础是魂与根在选择项目和模拟的实践中逐渐生成；进入运转阶段，则是魂与根的融合。项目在魂与根的融合中实现目的，并证明"魂"的铸就与"根"的成活。

一、特殊意义的运转

运转，是以生存为目的、以销售收入补偿全部耗费为条件的物质循环，是发现、认识和解决各种项目有关问题的前提。

1. 目标是生存

与成熟企业运营以盈利为目的不同，创业项目运转的目的是生存。成熟企业中，物质的循环通过设备、厂房、人工、原料、能源等投入生产，再销售到市场实现价值，是以货币为计量方式的物质周转，目的是盈利。而作为创业过程的运转，目的不是盈利，而是生存。生存的含义对于生物和创业项目是一致的：首先是自足，然后是成长，一切的前提是存活。

2. 方式是补偿

获取利润，使资本实现保值、增值，是创业的终极目的，但不是运转的绝对条件。运转的条件是：产品或服务的销售收入与为提供这些产品和服务所支出的费用大体相当即可。就是说，销售收入能够补偿运转所需要的费用，就是运转实现的条件。它以补偿为中心，盈亏是比较细微的，可能微赚也可能微亏。在运转阶段，固定资产的补偿可以适当延缓，还没有到回收投资的阶段。所以，补偿要把握必要的限度，与运转没有直接关系的耗费不在补偿的范围以内。

3. 一切服从运转

运转的目的是生存，生存就要有生存的条件。只要能运转，规模能小则小，资金占用能少则少。在资源要素平衡的标准下，东西能减则减，能砍则砍。系统平衡所需要的环节与物质要素一个都不能少，但有了这些就足够了。系统的一切服从于运转这个中心，与这个中心无关的一切都是没有意义的。

二、统一在运转之中

在前面几章，我们强调了产生 F 资本的唯一途径是实践。离开 F 资本的创造性实践过程，驾驭资本的资格无从产生。同时，任何物质性资本和非物质性资本，都离不开创业主体能力的渗透、冲合、创造的作用，物就是物，技术就是技术，不成为能够主动增值的资本要素。

可见，离开根，魂就无以产生；离开魂，根就无以成活。它们互为对方存在的条件，并互相创造对方。这种相互依存的关系，存在于创业实践的全过程，统一与融合在运转之中。

1. 根在确证后进入运转

根的发现、生成和培育始于项目的选择，确证于项目的模拟。模拟的功能是完成对项目之根的检验，实现对技术可行性、市场目标和基本功能的确证，进而实现对风险的防范，并在这一过程中达到对项目要素综合与平衡的把握。模拟在完成了上述使命之后，就已经为资本运转创造了条件，创业的进程便顺利地进入了运转阶段。

2. 魂在运转中得以形成

灵魂资本的产生，可以追溯到创业者将外在力量转化为自我能量的生命长河，追溯到支配自然生命本能的意志实体的形成过程。知识、智慧、品格等，是F资本的基础因素。这些基础因素可能在迈入创业门槛之前就已经存在了，甚至有的创业者在创业之前，就已经完成了F资本的初级准备，完成了初步的经验积累与升华，经过了市场的洗礼。

基础资本和经验的积累对F资本的形成是重要的，但却远不是F资本的最后完成。因为F资本是创业者的能力在具体创业项目上的表现。具体到项目，创业者要能够通透构成项目的资本元素，完成元素之间的界域创新，实现界域间的平衡运动。这就是运转，灵魂资本在运转之中形成。

3. 根与魂在运转中融合

项目的魂与根在运转中相遇、融合、渗透。运转为它们的融合提供了交会的场所，使融合成为现实。更重要的是，运转使魂有了着落，使根得以成熟。魂与根在运转中得以增长、加强和完美。运转的全部意义在于实践。模拟是一种实践，运转更是具有持久性、实战性、考验性的实践。运转是面对多种要素及其相互关系，进行选择、取舍、排列、组合的实践；是把资源生化为新的统一体，打造资本优势的实践；是无时无处不得不面对具体问题，不得不发挥创造性思维的实践。总之，运转是F资本的核心——创造力得以产生的实践，是项目的根得以发育成长的实践。

第二节　运转就是一切

创业过程中的运转，不同于经济学、管理学中的资本循环，也区别于成熟企业把盈利当作首要目的运营。强调一个新企业必须尽快盈利，好比是对一只刚出壳的小鸡说："你必须马上下蛋，否则就死掉。"企业需要盈利，但是以运转为前提的。运转与盈利在时间上是先后关系，逻辑上是因果关系。

一、创业过程的重要阶段

运转是一个时间相对较长，关系企业生死存亡的阶段。

1.承上启下的过渡阶段

运转是企业产生与发展成熟之间的一个过渡阶段。运转的前面是模拟，是对模拟的自然承接，项目经过验证的核心优势要进入实施阶段，积聚起来的能量要释放，完成了演习的军队要投入实战。运转的实现标志着一个真正的市场主体——企业的诞生，在运转实现之后，就是企业以盈利为目的的持续发展。运转对企业后期的发展而言则是一个准备，是为发展奠定基础的准备。

2.观念与程序统一的阶段

运转是一个具体的企业的经营过程，过程是观念和程序的统一。对于创业者来说，观念代表着对项目的认知、理解、把握、通透，及其对未来的计划、设想和具体的市场目标；程序则是为了实现其计划、设想和具体目标而设计的工作流程、管理规范和规章制度，以及这些设计的执行。项目进入运转阶段之后，这些观念和程序都要统一到运转的实践当中。没有观念和程序，运转就是漫无目的的行为；没有运转的实践，观念和程序就是纸上谈兵。

3. 目的与能力拉近的阶段

项目进入运转之后面临的问题可以概括为：新企业的生存与创业者能力差距的问题。新企业的生存需要实现物质上的交换，实现生产、销售的投入产出循环，而这对于创业项目来说，是以前未曾经历的。市场目标和项目计划能否实现，关系到项目生存的质量，也考验着创业者的能力。此时，创业者转变身份为经营者、管理者的任务也就更加迫切。也只有通过运转的实践，创业者才能实现这样的转变，提升自己的能力，接近并最终达成奋斗的目标。

二、创造企业的第一目的

1. 盈利不是第一目标

新企业一经建立，创业者就把收回投资与盈利当成最直接的目的、最强烈的愿望、最急切的行动。为此，创业者集中一切能量，调动一切资源，全力以赴追求盈利。正是在尽快盈利这个压倒一切的愿望充满全部身心的状态下，创业变得逐渐非理性化。

急功近利，无视创业是渐进的自然过程，无视企业的基础性工作，把主观意志强加于客观事实，无视必要的试验活动，忽视细节、拔苗助长、孤注一掷、竭泽而渔，不肯沉下心来埋头苦干——项目进入运转阶段以后，这样的心态会在创业者身上集中体现。

创业者必须意识到，运转的目的是生存，生存了才能发展壮大。简单追求速度、规模，会使项目生存的条件逐渐丧失、环境逐渐恶化，结果事倍功半，欲速则不达。

2. 什么是创业的第一目标

事物有其内在的发展规律，创业如此，具体项目的成长也如此。一个新创办的企业，承载着一个刚刚进入运转的项目，进入陌生而残酷的市场，新问题层出不穷，一个初出茅庐的创业者面对的就是这样的局面。创业的过程是创，目标是业。业能够成为业，条件就是生存。而运转就是项目生存的标志，也是项目成长的基础。对于创业过程而言，运转就是创业的第一目标。没有这个目标，其他的一切都是空谈。

3. 运转是企业的永恒主题

运转是创业的第一目标，不仅表现在创业的初期，而且是企业的永恒主题。运转是企业生命运动的存在形式，离开运转，企业就没有在市场上立足的资格。企业的生存在于运转，发展也在于运转。即使是一个成熟的企业，与创业项目相比，同样是扩大了规模、以盈利为目的的运转。不同之处在于，创业项目首先要实现运转，然后才能实现盈利。运转为项目提供了盈利的生命时空，奠定了盈利的市场基础，是企业的永恒主题。

三、资本生命的存在形式

1. 生命能量的不竭源泉

从创业与企业发展总过程的角度来理解运转，它处于结果与前提相统一的地位：运转是一种结果，是资本要素的集合、优化与协调的结果；运转是一个前提，是企业前进、壮大与发展的前提。同时，如果不把创业错误地看成是由资金代表的各类物质形态的简单集合，而是理解成一个有灵性的生命，运转就是它的本性，它是企业与市场进行物质、信息、能量代谢的先决条件。总之，运转就是企业生命的源泉和存在的形式。

运转的意义在于存在，而存在又是获得存在力量的源泉。企业凭什么生存？存在的本身就是存在的条件。生存的理由只能在生存本身中去寻找，生存的根据只存在于生存自身之中。

2. 与生存环境的相互影响

项目能够生存，就会表现出对外部的影响力。项目之所以能够生存，就是因为它能够去影响生存的环境，把能用于生存、有利于生存的各种要素集成在一起加以利用和改造，形成与市场的物质交换和互相作用。项目对生存环境的改造，就体现在不断的运转当中。运转使企业不断完善和发展，使外部环境越来越有利于企业。物质、能量、信息的不断交换，使企业在运转中不断壮大，生存的条件越来越充分，生存的空间越来越广阔，生存的动力也越来越强劲。企业正是在运转当中，找到属于自己的最佳发展模式，找到自己的合作伙伴，找到自己的定位和目标。

3. 资本生命的本质属性

运转是理解创业、理解企业的具有根本意义的大道。它影响着创业的方方面面，从重大目标的决策，到处理经营问题，到解决问题的方法，都要通过运转来实现。

为什么把运转强调到如此重要的程度？说到底：运转是资本的本性与存在方式。资本之所以成其为资本，企业之所以成其为企业，存在的根据中最核心的东西，能够与其他的事物区分开来的最具本质特征的属性，就是运转。资本或企业这个事物的有无、生死的标志就是能否运转。不运转的企业不成其为企业，不运转的资本也不成其为资本。

四、一切问题的解决条件

一切问题都是运转的问题。一切问题都会在运转中发生，一切问题只能在运转中认识，一切问题只能在运转中解决。一个企业，大的方面，从项目确定到业务定位到核心优势的确立，从产品的成熟到目标的清晰到运作模式的形成；小的方面，从商标设计到产品包装到岗位划分，直到细微处的劳动定额、灯光照明、工具摆放位置等，离开持续的运转，都无从猜测、判断、预料会有哪些问题存在。离开持续的运转，就不可能深刻地理解所发生的事情；离开持续的运转，就不可能找到解决问题的方法。

1. 解决系统协调问题

项目的运转就是系统的运转，系统是以目标为导向的、对资本要素的有序联合，使原来处于相互独立状态的资本要素之间产生了联系，这个联系本身就是一种新的状态。在系统运动之前，要素是处于静止状态的：或者是没有发生位置的移动，或者没有外界力量使其发生质的变化，或者没有与外界发生交换处于孤立的状态。一旦运转发生，要素就处于另一种状态，必然会发生原来所不曾有的现象、不曾预料的情况、不曾碰到过的问题。没有系统的运动，将无从想象系统的问题。系统的协调，正是在不断运转、磨合之中实现的。

2. 解决企业信誉问题

信誉是品牌，是形象，是生存条件。信誉产生的根本因素是企业的长期存在，因为制约守信的力量来自市场交易双方对合作持续性的期待。不守信的企业很快会被市场淘汰，因此，判断企业守信的一个重要标识是：企业作为交易的一方是一个长期的存在。存在的时间本身就是信誉的证明，就有信誉的影响力，从而具有潜在的权威性。企业的长期运转，向市场传递一个无声的信息：企业是被市场认可的主体，具备信誉的基本资格。

3. 解决业务定位问题

业务定位是在项目选择中已经确定的，但最终的业务定位往往与当初的定位不同。最终的业务定位恰恰是在运转中发现、在等待中遇到、在存在中完成的。项目只有运转，才能发现市场的需求，从而把市场的需求转变成为项目的目标，再具体化为产品的功能、内部的流程等。没有运转，企业就无从发现自己在市场当中的地位和价值，也就无法解决业务定位的问题。有了运转，企业才能发现要向消费者提供何种产品与服务，产品和服务具有怎样的功能和效用，这些功能和效用如何通过企业的运转来实现。

第三节　减轻运转负荷

运转相当于行进中的列车。固定成本就是列车的自重，可变成本就是车的负荷，销售收入就是列车前进的动力，现金流就是车轮，市场就是铁轨。列车行进需要的是，车的重量和负荷轻一些，动力强劲一些，车轮润滑一些，铁轨延长一些。这就需要创业者有意识地去减轻运转负荷，实现动力平衡，如此才能提升速度、增长规模。

一、减少固定资本投入

1. 减轻补偿的压力

对于列车来说，动力是负荷的能力；对于创业项目的运转来说，销售收入的规模就决定了消耗投入的能力。问题是，新创办的企业不可能具有强大的负荷能力，因此，就要尽可能地减少甚至避开固定成本的投入。只有这样，才能减轻项目补偿的压力，轻装上阵。

这就决定了，处于运转阶段的创业项目，要尽可能在规模上收缩，以空间换取发展的时间，以弱小赢得生存的机遇。相对于任何企业来说，市场都是无穷大的，一个企业不可能满足市场的全部需求。因此，小并不是问题，能否生存才是大问题。能够生存下来，就能够有机会去发展，有机会扩大生存的空间。而生存的方式是运转，运转实现的标志是补偿，那么，创业项目就要尽可能减轻补偿的压力。

2. 以运转为投入标准

创业者以运转的观念来决断固定资产的投入，就要在投入的数量、种类和时间上以能够实现运转为限度。在固定资本投入上，不要追求与运转不相干的东西，不要追求百事俱全、万事齐整，更不要追求形式上的高起点与大规模。创业中的运转观念，遵循的是市场经济的效益原则。是从实现运转的目的出发，用运转做资本投入的准绳：凡是运转所必需的投入都是合理的，凡是与运转没有直接关系的投入是不合理的。

3. 减少投入的做法

减轻列车的自重，才能尽可能把动力用于负荷。因此，运转的指导思想是尽可能减少固定资本的投入，急用的先购买，不是急用的可以暂缓；能租用的尽量租用，不能租用的才考虑自己购买；专用的设备、设施、工具等以自己拥有为宜，通用的可以考虑其他途径；可以少用的就不要多买，只是偶然使用的设施更是这样。

更具有策略性的做法是规避固定资本投入。把模拟中"逆向投资"的方法放大地运用，用委托生产、委托加工与合作的方式，避开自己的固定资本投入。

二、抛弃固定成本补偿

固定成本对运转的影响可以用列车去想象。如果车的自重到了动力不足以拉动的地步，车就不能前行。同理，如果固定成本大到无法用销售收入补偿的程度，企业就不能运转。前面我们已经分析过，固定资本补偿源于固定资本的价值转移之说，对企业实践上不具有可行性。减轻补偿压力的最好办法是：抛弃固定资本补偿。

1. 对经营毫无意义

从企业运作的结果来看，补偿是在长期的销售收入中收回固定资本投资。收回的是超过可变资本之上的那部分，其实就是企业的盈利。一旦有了利润，从来也没有哪个企业去区分、也没有办法没有必要区分利润中的哪一部分是固定成本的"转移价值"。

一旦有了利润，考虑的是扩大规模、完善基础设施或增加新项目。不可能像计划经济那样，用一部分资金原封不动地等待着，准备替换现有的固定资产。一旦企业亏损，所谓补偿用什么进行？可见，不论企业盈利与否，固定成本补偿完全没有意义。

2. 对运转关系重大

补偿的作用是妨碍运转的实现。如果套用某种会计制度，从创业之始就怀着尽快收回投资的强烈愿望，在计算产品成本时把固定成本分摊到单件产品的价格中去，就会使运转难以实现。收回固定成本的目的正在破坏收回的条件，使手段与目的南辕北辙。

固定成本的补偿来源于超过可变成本以上的加价，为了补偿固定成本，除了卖高价之外别无选择。创业者要明白这样一个现实：新产品的直接生产成本通常是偏高的，因为新创办企业、新进入市场，经营、销售、管理成本偏高。已经是偏高的成本，再加上所谓的固定成本的分摊，这不是雪上加霜吗？

受价格弹性和产品替代性的影响，高价格肯定影响销售，然后影响资金回流，进而影响运转、影响企业生存。所以，固定成本补偿，它所导致的结果是妨碍新企业生存的条件——运转。

3. 把固定成本视为"沉没"

固定资本一旦投入，在观念上就应该视它为"沉没"。在实现运转之前不再把它当作成本来看待，不必在价格中体现，更不必从销售额中提取。这样，运转负荷就减轻了。只要销售收入能够补偿可变成本和运转成本，就是运转的实现了。就像一架飞机，只要票价收入等于燃料成本和机务人员的工资就应该飞行，而不必每次飞行都首先要考虑补偿飞机的价值。

三、努力压缩运转成本

我们已经讲过，运转成本是独立存在的、既不同于固定成本又不同于可变成本的、与运转直接相关的一种成本。

1. 与运转直接相关

运转成本在现代企业的生产经营中日益凸显，与企业现代化起点的高低、销售网络的大小、企业关系范围的宽窄、技术和知识含量的程度、经营模式的差异等，大体成比例地存在着。对于创业项目来说，运转成本的发生不可避免，其数量之大是相当可怕的。如果控制不当，它会像魔鬼一样轻易地把新企业扼杀于摇篮之中。控制这部分成本直接关系运转的实现和持续。

2. 控制的着眼点

控制运转成本需要创业者在观念和实践上努力：有些费用压根就不要发生，从观念习惯上阻塞发生的源头；费用随创业进程的实际需要发生，不要把发生费用的条件事先制造出来；充分利用现代社会分工细密的资源；对创业骨干用目标的凝聚力、和谐的企业文化、派股和期权的方式来凝聚；把经常性的费用与效益相对应，等等。

费用的发生可以用制度解决，但是，包括费用在内的全部制度，说到底是"术"的层面，而"道"的层面是创业的核心人物的"公""正""明"，是创业的核心人物处理利益关系的观念与做法：先社会利益、后股东与团队利益、最后是自己的利益。这些，是老板的"魂"、企业的"道"，是文化凝聚力的根源。

3. 企业文化的作用

减少运转成本存在于企业运作的点点滴滴，不完全是制度能够解决的，更要依靠"创业精神"。创造盈利的能力，来源于每一个员工到一个团队的创业精神所产生的精神效率，是任何先进的技术和管理水平等所不能代替的。这种精神首先来自创业者自己，其次是项目的骨干群体。它渗透到创业过程和经营的方方面面，特别是在创业初始阶段。这就需要创业者有意识地以企业文化来影响员工，以共同利益作为先导，充分发挥员工的主人翁精神和主观能动性。

四、加速接近"运转时点"

1．"运转时点"的含义

"运转时点"是补偿的平衡点，是销售额与可变成本加运转成本的两个资金数量的平衡。即：销售额＝可变成本＋运转成本。

这个点所表示的不仅仅是"收支相等"的内容。对创业项目而言，是生死的转折点，是企业存活的标准，是创业所要达到的第一目的，是资本灵魂得以铸就的证明，是资本之根已经成活的标志，是由创业进入管理的转折，是承上启下继往开来的平台。达到"运转时点"，也就实现了费用的补偿，运转才真正可以称为运转。

2．"时点"就是生命

由资金投入到推进到这个"时点"之前，是各类资源与要素磨合的过程，是优势形成的过程，是经营模式创造的过程，是通路探索的过程。所有这些完成的标志就是运转。

向这个点推进的过程是资金持续投入的过程。在这一过程中投入的资金，有的形成了生产经营的物质条件，有的则蒸发掉了。比如运转成本是一种消耗，销售收入小于或等于销售成本更是一种消耗，它意味着只能补偿可变成本与销售成本其中之一。这种状况持续的时间越长，资金蒸发得就越多。没人能够打得起这样的持久战。有多少好项目正是经受不起这种消耗而功亏一篑。能否缩短这个时间，尽快达到用销售收入补偿耗费那个"点"，直接关系到创业的成败。

3. "时点"就是金钱

一旦达到了这个点，就如同登上了高山之巅，眼前一片开阔，令人心旷神怡；一旦到了这个点，就像走出了峡谷，眼前一片光明，令人豁然开朗。项目从此进入了运转阶段，开始了具有历史意义的转折。

只要这种收支相等的运转能够持续，三种情况必然会发生。

情况一：假定销售额不变，在运转的进行中，可变成本和运转成本也会不断地降低。这体现的是，运转实现之后，各种问题逐渐解决，要素之间磨合完毕，因此各项无谓成本被压缩。收支大体平衡基础上的成本降低就是利润。

情况二：假定成本不变，在运转的持续中销售量会有所增加，这是通路建设产生的结果。销售量的增加会使"运转成本"相对地下降，间接地产生利润。

情况三：在"运转时点"的两边的要素有四个，可变成本和运转成本在一边，销售数量和产品单价在另一边。四个要素在运转的条件下都会发生变化。运转的存在为变化朝有利的方向发展创造了条件，为各种积极的能动作用的发生创造了条件。只要运转持续，利润就会自然产生。

因此，为了运转的实现就要减轻运转负荷，以缩短达到"运转时点"的时间，这是所有创业者在项目进入运转阶段的第一要务。

第四节 强化运转动力

项目尽快进入"运转时点",才能减轻运转负荷;实现项目的持续运转,就要确保现金流不中断。

一、现金与资金不同

对于创业者,需要懂得现金与资金的不同意义。

1. 理解现金现象

现金对企业而言表现为银行的存款余额。资金是货币代表的资产价值。

有这样两种企业,一种是资产负债率很高,但能实现正常运转。一种是资产负债率很低,资产数量相当可观却不能运转。这两类极端的情况反映了资金和现金的差别。资金的形式是多样的:股权、期权、债券、债权等,厂房、土地、机器、设备等,原材料、库存,以及各种应收账款和账目中的利润。但是,所有这些都不能代替现金推动资本运行的作用。离开现金,企业一天都不能存活。离开现金的催化、融合作用,项目运转就会停滞。如果把资金的各种形式比作身体器官,现金就是血液。当然,现金也是资金的一种形式,重要的是:资金却不等于现金。

2. 现金的超值作用

现金是流动性最强的资产。比起其他资产,它在市场上往往更受欢迎。尤其是在买方市场,交易中持有现金的一方占据着更加有利的位置。

即使在卖方市场，持有充足的现金，能够保障付款时间，也是信用的象征，具有更强的竞争力。一个企业拥有充足的现金，往往被认为是经营健康的象征。在很多项目中，固定资产、原材料、库存、应收账款等，都占用着大量的现金，现金流量也就成为项目在市场运作中的重要指标。

3. 现金断流的原因

现金流的中断是一个表象，是企业经营活动的表现和结果，其原因可以追溯到核心竞争力、营销水平等。从这个意义上说，解决断流应该从根本上入手进行综合治理，尤其要防止"时点通病"与管理失控。

"时点通病"是指在资金使用计划的制订上，只计划到把产品制造出来推向市场的那个时间点为止。这样安排资金，是在指导思想上认为只要到了那个"点"，资金就会回流，再生产所需要的资金就会在销售收入中得到补偿。而事实是，创业进程到达了计划中的那个"点"，销售收入往往不会自然产生，在相当长的时间内达不到能够补偿全部耗费的程度。这时，如果没有后续资金的补充，现金流就中断了，"时点通病"届时发作。这体现的是市场的不确定性，创业者要做最坏的打算，做好充分的准备，以免现金流中断使项目搁浅。

管理失控是初创企业的现金断流的另一个原因。有的是摊子铺大了，控制能力与管理手段跟不上了，出现了无处不在的现金滴、漏、跑、冒。有的是"订单危机"。订单不怕小就怕大，大了往往会出事。因为大额订单兑现的可能性小、运作的周期长、隐含的意外因素多。接下了大额订单，企业集中资金开足马力组织生产，一旦在交货结算环节出了故障，资金不能回流，危机便接踵而至。还有的是"两头挤压"。一头是采购方面全部现金预付，另一头是赊销销售。现金受到两个终端的拉扯，随时都有断流的危险。

断流的原因还可以继续罗列下去，但它终归是个现象，重要的是从源头上、从制度上加以防范。

二、防范断流的办法

1. 计划要以财务实力为基础

从项目的选择到规模的设计到进程的安排,都要从资金能力出发。不要有缺口,不要过度举债,不要追求高起点,不要幻想有奇迹出现,不要讲排场搞形式主义,不要听信诸如"飞速""超越"之类的豪言壮语,不要把计划建立在可能性和某些承诺的基础之上。

2. 为"回流期间"准备维持费

所谓"回流期间",就制造类项目而言,是从产品生产出来到销售收入回流的这段时间;就服务性项目而言,是从可以拿出服务产品到服务收入能够补偿运转成本的这段时间。任何实体创业必须承认这个期间的存在,它是创业过程中的一个阶段,是从销售条件的创造到销售实现中间的过渡。新创办的项目进入市场成为主体,需要一段时间才能得到认可。回流期间往往就体现了这个认可的过程。

这期间维持运转的费用是必要的,在创业伊始就要做出安排。在资金用途的分配上,除了回流期间的维持费用之外,还应该有"总预备队"。因为在实体投资中,事先没有计划的收入是不可能出现的,而事先未曾预料的花费是必定出现的——不管你的预算多么详尽。

3. 提高控制水平的两个要点

现金的控制是一个有相当难度的技术问题,困难主要来自经营活动中资金运动的两个矛盾。

一个是现金与销售额和利润脱离。比如产品卖出去了,会计依据开具的销售凭证记账,销售额和其中的利润就反映出来了。可资金能否全额、及时到账则是另一回事。这中间的差额所体现的是现金与销售额、现金与利润的不相等。它会经常掩盖真实的现金流量。

二是减少由"应收"产生的"差额"。财务明细中的"应收",反映的是资金往来关系，体现的是企业短期债权，记在资金平衡表中的资金来源一方。但它掩盖了资金平衡的真实，应收不等于实收，甚至不等于能收，不是资金的真实存在。

现金问题归结起来在于储备、流出、流入三个方面。储备是一个定量，流出比较容易控制，难点是流入问题。这个问题还是要从销售入手。

三、运转动力的来源

销售实现的货币额维系着企业运转，因此，销售并且回流现金就是最重要的运转动力。

1. 两个动力与两个来源

货币在企业发展的不同阶段，发挥着"第一推动力"和"持续动力"两个作用。货币的第一个作用是按特定的项目集合资源，创造一个有机的生命体，是发动整个过程的"第一推动力"。货币来源是创业者事先的准备。货币的第二个作用是推动企业运转。它不是创业者事先准备的货币，源于"第一推动力"所创造的系统功能。

运转研究的是"持续动力"的来源。动力来自系统功能中的销售环节。货币在创业的两个阶段有两个作用和两个来源。就像是火箭发射卫星，第一个阶段力的作用是把卫星送到预定高度的轨道，动力来自火箭的燃料。第二个阶段力的作用是让卫星沿轨道运行，动力来自离心力与地球引力的平衡。运转研究的是力的平衡条件——销售。

2. "持续动力"与"及时回流"

运转来自"持续动力"，"持续动力"来自以系统功能为基础的销售。而我们把现金放在重中之重的位置，那么销售问题就还包括及时回流的问题。"及时回流"意味着：不仅要销售，还要实现货币的回流；不仅要回流，还要及时。及时是运转实现的关键。及时意味着生存，不及时意味着死亡。

3. 避开"应收"与防患未然

规避损失的办法是在销售中设置防范机制，回避应收的发生。建立及时清结货款的指导思想：宁可利薄一点也要收现，宁可保本也要及时，宁可亏一点也要防止呆死，并把这个思想贯彻到销售通路选择、模式设计和销售管理中。

通路选择。通路是把产品摆到最终消费者面前的渠道，直销是确保资金回流的办法。如果不能直销，那么就要选择好经销商。要选择有专业素质、有规模有历史的商家作为合作对象。

销售模式。为在销售模式的设计上确保回流，模式的设计要简洁，减少甚至避开中间环节。环节一多，问题就会变得复杂，规范的难度、货流运转的阻滞也就增加了。简洁是由销售主管到经销商、代理商之间只设一个管理层次。

销售管理。为了能管得好，在销售区域和客户数量上都要以能够把控为前提。销售区域集中未必销得少，集中做得好照样能形成销售规模。集中的仓储、配送、人工费用和工作效率，有利于对销售人员的管理，管好销售人员就是管好商家和货款。培训与督办是必要的，回款额与收入挂钩是有效的。

四、实现运转的策略

运转需要负荷与动力的平衡，策略是三个前提与两个重点。

1. 三个前提：小、专、点

小是指整体规模，专是指产品功能，点是指市场开拓。

规模要小，由产品数量和生产能力的设计所决定的整体规模要小；功能要专，把优势要聚焦到最突出或最具特色的一个功能上来；只做一个点，在资源有限的条件下，为实现最低成本的销售，把销售集中在一个城市或一个领域。

三个前提为两个重点创造了条件。

2. 重点之一：减

减的重点，一是减少固定资本的投入。能实现多少销售收入是不确定的，我们能够而且应该首先做到的是：千方百计减少投入，减轻补偿的负荷。二是减少运营费用的使用。要以运转为尺度有计划地使用资金，要制定费用合理的标准，按照项目发展阶段规定每个阶段的费用额度。

3. 重点之二：增

增加销售收入办法分三个步骤。

第一步：以销售为中心的组织建设。创业，就是弄个东西卖出去。在有了东西的基础上要解决"卖给谁、怎么卖"的问题，前提是首先要解决"谁来卖"的问题，即以销售为目标的人员配置和团队建设。

第二步：以销售为目标的基础建设——营销基础的建设。产品功能、质量到成本是最根本的基础。直接面对市场的基础首先是队伍建设，在队伍建设之上才有营销基础的建设，包括：一个好的产品介绍，一个好概念，一个好名字，一个好的包装，一套好制度，正确的价格，客户资料，销售业务的流程等。

第三步：销售模式的设计与探索。要想明白使用什么方式才能让目标客户更好地了解你的产品，要想出几个套路，具体到产品彩册、客户名录、接触方式——名片、话术、产品演示等问题。然后是"试"，一个一个地去试。模式就是在试中磨合，在试的过程中修正和稳定销售模式，建立业务流程。

第十一章　创业与营销简论

销售是运转实现的最重要条件。通常的营销理论，其潜在的前提是已经存在的企业如何做销售。创业项目有着不同于成熟市场主体的特征，表现出一定的特殊性。与已经存在的企业的销售相比较，创业项目有"十个没有"。"十个没有"是创业企业缺少的营销基础。因此，建设创业的营销基础是创业营销的首要问题。根据"创业中的一切问题都是实践问题"这个规律性结论，建设营销基础离不开销售实践。这就需要一种低成本、可持续、易操作的创业销售的实践模式——"点规模渗透"。

第一节 创业销售特殊性

一、创业销售的习惯做法

尽快把产品卖出去的强烈愿望,加强着创业者的急切情绪,导致以下在指导思想和销售实践中的一些错误做法。

1. 在销售布局上多多益善

中国幅员辽阔,这也使创业者有着无限期待与遐想:"多大的市场啊!如果占领十分之一就不得了。10000个人中有一个人买我一个产品,那我就赢定了。"于是乎,一个"村村点火,处处冒烟"的网点布局计划形成了。这样的做法往往产生的结果是:多处布点导致销售成本大于销售额,货款抵不上费用;多而散的销售代理商,导致许多商家不能及时回款,一部分货款呆死。

2. 在指导思想上追求销售额

急切地要把产品卖出去的强烈愿望,表现为强烈地追求销售额,导致在销售方式上"有奶就是娘"。只要能销怎么干都行,只要能销谁干都行;只要能销可以不计成本;只要能销可以忽略销售管理,没有章法,粗放经营。这样做的必然结果是:到处是跑冒滴漏,一场乱仗打下来,失去了销售的主动权,钱货两空。

3. 在具体做法上沿袭老一套

在销售通路上，有路就去走，不惜花钱做广告，不惜交费参加博览会去寻找大客户；对于有代理意向的商家，有没有实力、是不是专业、守不守信用都不在考虑之内了，先把货发出去再说。这样做的结果往往是赔了夫人又折兵。比如：花了钱做了广告，参加了博览会，没有碰到想象中的大客户和经销商；相反，碰到的、找上门的都是把你当作客户，当作产品与服务对象的人。

这些习惯性的错误导致了创业项目在销售上的无的放矢。创业项目的销售有它的特殊性，就表现为"十个没有"。

二、体现特殊性的"十个没有"

创业项目销售的特殊性，体现为新企业不具备营销的基础，具体表现为新企业与运作多年的企业相比较的"十个没有"。

没有品牌及其知名度。品牌是以内在品质为基础，在较长时间中形成的知名度、认知度、美誉度、客户忠诚度。创业企业没有历史就没有品牌。经销商凭什么相信你？用户何以从千百种商品中选择你？

没有清晰的市场目标。创业之始，产品的消费目标是有的。但是，准确与否只能在市场销售的实践中，在对目标需求的深刻理解中才能够确定与完善。否则，很可能是一厢情愿。

没有自己的销售渠道。销售渠道是在销售实践中，通过与其他市场主体的合作逐渐建立起来的。新企业在一个时期内不知道或不确定自己的产品走通哪条路更合适，当然也就没有自己的经销商、代理商和销售终端，甚至没有与他们打交道的经验。

没有自己的销售队伍。知道了产品要卖给谁和怎么卖，谁来卖就成为主要问题。销售队伍是销售主体，队伍从产生到熟悉产品和市场要有个过程，这个过程也只能是在销售第一线的打拼中才能完成。经历了销售的实践，销售队伍才能稳定和成熟。

没有销售管理的经验。销售管理是销售的系统软件，包括部门与人员配置、薪酬设计、激励机制、业务流程等。一套简单而实用的管理体系，不是一蹴而就的事情，同样要在销售实践中形成。

没有稳定的价格体系。价格体系包括零售价、经销商价、代理商价、区域价，还有产品组合价、与批发数量相联系的优惠价。适合市场状况的价格体系的形成也不是一日之功。

没有独特的产品概念。好的概念能体现产品品质和特色，突出与同类的差异，与消费者内心的需求相呼应。产品概念的提炼是艰苦的过程，有了概念也要在实践中检验，需要在销售实践中反复琢磨，几次修正才能完成。

没有很好的产品包装。好的包装能够在第一时间抓住消费者眼球，能够反映产品内在的品质。好的包装既不能过度包装，又要大气、精致、有特色、有正规感。这样的包装需要精心设计。

没有足够的产品系列。创造企业形象，降低销售成本，在终端占有空间，运用价格策略都需要产品系列化。系列化是功能的强化和市场目标的分解，系列化也可以通过产品的重量、剂型的差别来形成。这是对产品自身的理解和对市场细分的实践过程。

没有足够的宣传资金。大企业把销售额的一个固定比例用作广告费，新企业做不起。少量投放没用，大量投放没钱。对于内容的创意，媒体的选择，投放的数量与时间，新企业是没有经验的。

创业企业没有的东西不止这十个。比如，没有稳定的销售流程，没有多年交往的大客户。别人有的你没有，这就是创业的"实际"。

第二节　建设创业营销的基础

创业销售的特殊性是营销基础的缺失，表现为"十个没有"。把"十个没有"变成"十个有"是营销基础的建设，建设分为两部分，一是以产品为核心的五块基石，二是直接面对市场的五个构件。

一、营销基础的五块基石

基石的核心是产品，产品是销售的基础。没有产品，销售的一切努力都不会发生作用。五块基石即产品的功能、价格、成本、系列与综合。

1. 功能

功能是指产品能够满足人们某种需要的属性。它一开始就构成了创业的内容，贯穿在创业活动的始终。

（1）功能由谁决定

功能是市场需求决定的。都知道是消费者说了算数，而做起来往往不是这样。创造新功能，从设计到制造倾注着多少心血，此间孕育着不愿意被否定的情感。但是，面对市场必须贯彻的原则是：功能由市场决定。这就要求抛弃"孩子情结"，抛弃对消费者的揣摩猜度，抛弃闭门造车。

（2）标准由谁决定

研究标准的人强调标准由需求决定，其实是越过了需求与标准之间的一个环节：功能。需求通过功能决定标准，也就是需求决定功能，功能决定标准，离开特定的功能，标准就无从谈起。澄清这个关系是解决标准选择问题的关键，同样的功能有不同的标准。在国际上为什么由技术决定的标准能够成为贸易壁垒？原因是企业自己有着高于行业和国家的标准。这样的标准造就了超过了消费者期望值的强大的功能。

（3）标准是暂时的

标准能够稳定是创业者的期望。事实上稳定是暂时的，消费者会在满意中发现不满意，在完美中发现不完美，在成熟中发现不成熟。这就逼迫功能要不断地变化：有的要强化、有的要修改、有的要删除、有的要增加，标准也就要随之改变。标准的改变还来自竞争对创造性的要求。达到市场标准是市场进入问题，创造新标准则是持久的竞争力。在标准领域，竞争是创造思维的起博点。

2. 价格

随意定价就会随意变动。随意变动的价格不仅影响着销售，还直接影响费用补偿。价格是企业与市场的结合部，即便是其他事情都做得很好，仅定价的随意便会"一着走错满盘皆输"。关于定价，一些因素必须考虑，一些原则要遵守，一些技巧可以运用。

（1）影响定价的因素

人们熟知的价格形成是成本加毛利率。此外，销售方式与价格有直接关系。比如，通过大商场销售，价格与消费者的消费观念相联系，出自对产品档次定位的考虑定价则可以略高。通过经销商销售，则必须要把附加值的大头让给他。定价不可忽略销售成本，对销售成本占销售额的比例要心中有数。定价还必须从消费者角度，寻找在功能上相近的产品价格做参照。很多消费者从价格—功能的比较中作出选择。

（2）制定价格的技巧

同一产品，可以让功能、款式、包装、重量产生差别，不仅形成了产品系列，还制造了价位的差别。高价位可能销不了多少，却能够反衬中价位的合理。如果对市场的价格承受能力心中没有底，可采用区域试验的办法。在不同地方使用不同价格来销售，看效果后再决定。

（3）价格形成的基本依据

以市场接受的价格为起点向销售成本和生产成本倒推：扣去运转成本

和直接生产成本除以销售数量,再参照上述影响价格的相关因素做"毛利",单件产品的基础价格就形成了。这样制定价格,是以市场接受为前提,以补偿成本为底线的。

3. 成本

成本与运转是相互依存的关系:价格一定的情况下,成本的高低直接关系到运转。成本的发生只有在运转中才能清晰。离开运转不知道成本是怎样发生的,也不知道降低成本的方向,更无搜寻降低成本的措施。可见,成本决定运转的进行,运转决定成本的降低。

(1) 成本与利润有时不成比例

成本的重要性表现在它与利润的关系,理论上是此消彼长。实践中的消与长往往是不成比例的。如果一件产品成本是 90 元,售价 100 元,毛利率是 10%,毛利为 10 元;把成本降低到 80 元,售价不变,毛利则从 10 元增加到 20 元,增加的是 100%。这足以影响创业项目的成败了。

(2) 成本有绝对与相对的区别

"绝对"是成本额绝对地下降,"相对"是由传递效应所产生的整体效益的相对下降。成本的绝对数可以增加,只要收益增加的比例大于成本的增加就是成本的相对降低。成本绝对增加与相对下降同时发生是常有的。

(3) 不要相信创业初期成本

不能把创业初期的成本作为制定价格、判断项目可行与否的基础。只要运转持续,在降低成本上面会有无限的潜力。降低成本可以运用人们常讲的 20% 和 80% 的思路,把思考的重点放到构成成本 80% 的部分上。还要从发生成本的根本抓起,逐方面、逐环节,一点一滴去压缩成本。知道节约一分钱的企业家才是有真功夫。

4. 系列

产品必须形成一个系列,才能尽可能满足不同消费者的需求。开始可以先搞出来一个核心产品,接着就要从功能分解等方面入手,让产品形成系列。

（1）什么是系列

所谓系列是指，以一个核心资源或一个核心产品或一个品牌为基础，通过功能分解产生剂量、型号、包装和价格的差别，制造出多个相关产品的营销的策略。

（2）系列的必要

首先是创造企业形象的需要。多个产品表示的是企业生产与经营的规模与资源的厚重。其次是降低销售成本的需要。包括管理成本在内的综合成本这个分子，被多个产品的分母来分担，成本下降是一定的。

（3）销售的策略

产品系列化是一个简单、易行、有效的销售策略。一是有多种产品在销售终端，比如在商场的货架与柜台占有的空间大，易被注意。二是运用价格策略的需要。不同产品自然产生不同的价格，不同的价格会适应不同的消费群体，给消费者以选择的余地，促进其购买。

5. 综合

什么叫核心竞争力？是先进技术吗？占有顶尖技术的企业并不多，绝大多数企业竞争能力主要不是拥有尖端技术。是预见未来的能力吗？一个预见带来的优势会很快地被仿制。企业存活必有其"道"，这个"道"通常是以企业的优势资源为基础的综合性能力，也就是项目的根。

（1）优势是具体的

带有独占性质的优势，可能是很高的技术含量，可能是先见之明，可能是在分工细密的基础上把某个东西做得很精致，可能是把萝卜白菜挖掘创新搞出了特色，也可能是对某一领域有十分精湛的业务能力，通透其中的各个环节。

（2）优势是综合的

优势是以特殊性的优势为核心的诸多要素的集合：知识产权、产品差异、功能特殊、销售网络、企业形象、品牌信誉、基础设施的完备、较强的管理能力、较低的成本、熟练的工人、品种的系列化、独特的经营模式……可能是上述中的几个，也可能是多个。

（3）都是运转的结果

"特殊"与"综合"是在运转过程中的积累、添补、筛选、匹配中逐步完成的。只有经过了这样的磨合，产生的综合能力才是真正的核心竞争力。这样的竞争力不能仿造、复制、取代，不会因几个人跳槽而流失，它才是长期有效的、经久耐用的竞争力量，是真正的铜墙铁壁。

二、开拓市场的五个构件

1. 一个好概念

资源是块钢，产品就是一把剑，而概念就是这把剑的"锋"。创业者要用它的锐利点开消费者的心，激发其购买欲望。它的神奇来自简洁而富有魅力的一句话或一个词：说出产品的优秀品质，道出产品的与众不同，激发人的心灵感应。有了它，内涵得以显露而有了灵性，品质得以提升而有几分神奇，特点得以突出而有几分诱惑。它给目标客户买你的产品的理由。这句话要好懂、好听、好记，如果有几分幽默就更好了。

2. 一个好名字

给产品起名有四个原则：一是把产品、商标、企业名字统一起来好处多；二是借知名资源来命名是传播的捷径；三是用产品用途命名最便于识别；四是用产品特点命名则容易区隔同类产品。

3. 一个好包装

包装对产品销售的影响是直接的。几乎与产品有关的一切重要的信息，需要表现的、需要让消费者知道的那些内在的东西，都要通过包装显示；优秀的内涵、鲜明的个性、价值的外露、企业的正规、做事的精心等，都要通过包装被人感觉到。还有，产品在卖场是不是醒目、占位、有视觉冲击力，也要靠包装的尺寸、色彩、新颖、情调、设计独特来实现。

4. 一支好队伍

建设"精干、高效、忠诚、稳定"的销售队伍是创业的基础工作。首先,要培养起销售人员对自己产品的热爱,理解产品的优秀内涵,相信它能够给顾客带来实惠。其次,要让销售者把卖产品当成事业目标。要设计完整的薪酬体系,使激励的力量大到让他觉得可以为之奋斗终生的程度。最后,要为销售人员达到目标创造条件:完善的营销基础,定期培训与交流——开拓市场的经验、与经销商打交道的经验、临门一脚的经验、竞争对手的经验等。

5. 一套好制度

创立制度的前提是建设组织。先从销售的组织建设入手,设置业务部门并确定负责人;然后是相关制度设计:权利,责任,工资和提成;最后是在这个基础上设计业务流程。制度建设的顺序要先大后小,大制度建立之后,才可能逐渐产生小制度——发货制、结算制、奖惩等。制度一定要简单明了,烦琐说明对这个制度所要解决的事情还不清楚。

第三节　销售与运转实现

创业销售的特殊性，决定了它要以低成本、可持续、易操作的创业销售的实践模式来完成，这就是"点规模渗透"。

一、什么是"点规模渗透"

1. "点规模渗透"的含义

创业是从无到有、从小到大的过程，小就体现为一个"点"，大则体现在"规模"，"点"和"规模"之间的过程是"渗透"。

（1）什么是"点"？

"点"的含义是销售范围的集中，一个城市、一个区域或一个群体。这也符合我们在前面提到的"创业的18个先后"中"先做近，后做远"、"先集中，后分散"的原则。取得局部经验后则发展到大城市，但必须先集中在一个城市。

（2）什么是"规模"？

"规模"的含义是铺货终端的数量。首先是广度。在一个"点"中开辟多条通路，只要是与产品相关的通路都要开拓。其次是深度。要把能够开拓的每一条通路做深做透。通过广度做全和深度做透，达到最大限度地终端铺货：东西南北的方位终端，大小高低的层次终端，全都铺到不留死角。

（3）什么是"渗透"？

"渗透"的含义是蚕食性的铺货办法。利用"点"创造的集中的条件，在"点"上实现规模。不靠做广告,不通过经销商,而是靠自己的销售队伍,从代表厂家的经销点直接与销售终端连接。"渗透"的过程很像"扫楼",一个也不能少;像蝗虫吃庄稼,吃得干干净净;像蚂蚁啃骨头,从头到尾不留死角。

2. 点、规模、渗透之间的关系

"点"与"规模"与"渗透"之间的关系是:以"点"为基础,透过"渗透"的办法,实现终端铺货的"规模"。

(1)"点"决定"渗透"

"点"创造了短距离。厂家与销售终端的短距离使运用"渗透"策略成为可能。"点"创造了低成本。"渗透"是具有蚕食特点的行动,这样的行动需要时间,而时间联系着费用。是"点"创造了低成本的条件,让"渗透"可以不计时间成本慢慢完成。

(2)"渗透"产生"规模"

"规模"的产生是"渗透"的结果。在不同通路上持续地"渗透",在一条通路上的全部终端上持续地"渗透",大量铺货的"规模"就产生了。"渗透"是连接"点"与"规模"的中间环节。

二、在三条通路上"渗透"

"点"为实施终端铺货量创造了条件。在"点"与终端之间是通路。为在"点"上做透,就要开辟所有通路的全部终端,这个过程就是"渗透"。如何在传统通路上"渗透"?销售问题只能在销售实践中解决,通路的问题只能在做通路的过程中理解。这里介绍关于三个基本通路的实践、理解与解决问题的思路。

1. 销售通路之一:博览会

博览会是长期流行的商品交易形式,具体名称可以是商品交易会、经贸洽谈会、展览会、展销会、订货会、购物节,通常冠以"国际"之名。

博览会是产品走向市场的通路之一。

对于买方市场,企业通常早已习惯,可以靠质量、价格、服务去竞争。但如果压根没有买方,纵然有天大的本事该如何施展?纵然身怀绝技武艺高强,没有对手该如之奈何?有些博览会正是这样,企业周密准备精心策划、千里迢迢赴会,结果是战无对阵。

参加博览会的目的往往是销售产品,但来的人都是要向你销售产品。除了各类推销之外还能见到索要样品的专业人员。他们逐个展位地"洽谈":"我要去某国家,带个样品为你做宣传。""我朋友经营这个产品,带给他看看能否订货。"其名片身份通常是外贸公司之类。

跟着博览会跑是不明智的,但完全排除它是不理智的。怎么办?要区别对待。有些博览会,比如广交会和上交会,历史悠久,有影响和认知度,可以参加。但是一般的博览会不管拉了多少旗,也多是"草台班子"的行为。

此外重要的是,要注意博览会的演化变迁。其内涵已经悄然发生变化:招展对象主要不是厂家而是商家,内容不再是经贸洽谈而是商品零售;时间也不再是三五天,而是十天半月;收费也不是八千一万,而是一千两千。博览会功能已经变成了不断变换主题的销售场。企业如果认识到它内涵的变化就有文章可做。比如选择那些以商家零售为主的博览会或展销会进行直销,直接接触消费者,获得第一手资料的同时实现产品的集中销售,更重要的是在销售中营造气氛吸引周围的商家。

2. 销售通路之二:大商场

(1)读懂大商场

大商场的经营方式不尽相同,它的柜台权属关系多种多样。与它打交道,首先要摸清它的运作模式。越是大商场越是门槛很高,其目的是保证在那里销售的东西是正宗的,同时让你付出很高的进入成本和接受他们的规矩。比如规定销售金额,即在一定时间内必须销售多少,否则下架。

(2)突出的特点

大商场最突出的特点是高价位,在这点上不同于超市。高价位首先源于很高的柜台成本。其次是它并不指望有很大的销售数量，必须靠单个商品的销售差价来补偿高昂的费用。最后是它面对的是有着特定消费观念的群体，是有着特定的消费等级或档次的顾客。就是说，在这里购物的人，"功能价格比"的观念相对淡薄。从商品本身看，在这里出售的东西，功能与价格的联系比较隐蔽，内在价值往往不是很直观而是比较含蓄。

（3）策略的选择

认识了这些特点，企业对待大商场的策略就应做如下考虑：如果产品单价不是很高、不能形成系列、包装不醒目、无法在几个季节都能销售、缺少有力的促销手段，租柜台是不可取的。如果把货交给大商场经销，阻止它卖高价是不可能的。

通过这里做销售主渠道，对于附加值较低的产品是不明智的，没有成气候的广告支持也不会实现批量走货。但是，完全排斥商场也不对。在集中销售的城市，在管理能跟得上的条件下，商场同样并不失为一条通路。其重要性不在于销售的数量而在于它的两个作用：一是产品档次的定位，二是价格对比。对其他销售渠道而言，用彼之高来显此之低，也是一种运作的思路。

3. 销售通路之三：批发商

（1）商品集散地

全国范围内，有一些与大的行政区相对应、在经济意义上处于中心地位、相对专业和综合、规模巨大的批发市场。它巨大的吞吐能力和广阔的辐射范围，对创业者有很大的吸引力。但是如果一下子把战线拉得很长，其结果就是：销售管理的薄弱导致销售回款成了大问题，合作的稳定成了令人头疼的事。

（2）读懂批发商

想走批发市场这条通路，就先要了解批发商的经营特点。身在大型批发市场的摊位业主的经营理念是简单而明确的。一是零风险，决不轻易地拿钱进货以规避压货的风险。二是走货要有一定量的规模，看重的是几角钱的差价。三是避开竞争，在一个市场只接受独家经营。如果再加一条不成规则的习惯做法，那就是：如果看不到合作的前景就不再继续进货了。这样会导致最后一批（也可能是首批）货不再与厂家结算，至少是不去主动结算。

（3）关系的准则

大市场和大市场中的批发商是历史形成的商品通路，是商品集散、商家积聚的地方。走批发之路就必须从理解这个特点出发去处理与批发商的关系。重要的是四点。一是结算方式。接受他们的铺货习惯，即先交给他一批货，在接续下一批时结算上一批，这样循环下去。二是价格。既然走批发之路，指导思想上要树立以量取胜的观念。价格要尽可能地低，尤其是不能先高后低。三是要精心选择。同在一个市场发货的业主，有的做的时间长，经验丰富，经营得法，辐射面宽，在零售商中的信誉好，对厂家也讲究诚信。要通过考察选择这样的合作伙伴。四是必须加强管理，即在大市场集中的地方设专人管理，保持与批发商交往的频率及情感的交流。这对及时调整品种数量、反馈信息、及时结算是必要的。

这是集中渗透的三条传统通路。介绍这三条通路的目的，一是知己知彼，在实施渗透中，不仅要理解用户还要理解通路；二是先干起来，一切问题在干中发现，在干中理解，在干中解决。

"点"是基础，"规模"是目的，"渗透"是策略。"点"决定了低成本，低成本决定了"渗透"的可行，"渗透"决定了"规模"的实现。"点规模渗透"解决的是运转实现进而企业存活的大问题。

第十二章　走出创业的误区

创业失败是非常普遍的现象。创业者投入了大量的精力、资金、时间，却没能收获创业的成功。寻找其背后的原因，人们总是归结为表象，如资金不足、市场变化、技术落后、决策失误等。这些归因不能说没有道理，但都是具体地看待某个项目，不具有一般性的经验价值。以创业的基本规律看待创业过程，我们才能找到真正的答案。

我们知道，创业的基本问题是魂与根，基本过程是选项、模拟和运转，基本的矛盾是创业实践对F资本的需求和F资本生成滞后。用这三个规律去审视失败的创业项目，就可以发现，在失败表象的背后是：无魂之躯、无根之木、无序之举。

第一节　无魂之躯

创业的基本矛盾和基本问题决定了创业的本质。创业的主体是创业者，客体对象是项目，在它们的关系中，创业者是主要方面，起主导作用。创业者的主导作用就体现为实践历练而产生的能力，应用于创业就是 F 资本的形成。可见，创业者增长能力的实践就是创业的本质。创业实践的过程是在从小做起的艰苦磨炼中铸造灵魂资本的过程，创业的本质是"创业者能力的自我再造"。这就为理解失败找到了一个根据。

一、决策的作用

决策是人选择最佳的目标和行动方案的行为。通俗地说，就是对重大问题作出决定。

创业成功的套路是相似的，失败的原因却各有不同。企业的成长是一个生命历史过程。在这一过程中，影响它生死的因素非常之多，有些因素很细密、很微妙、很偶然，需要潜心体察。创业失败因素的多样性、复杂性、隐蔽性不是决策失误四个字所能概括的。把失败归结为决策失误，掩盖了深层原因，背离了创业基本规律。

1. 失败的原因

创业失败的原因很多，我们把它归为三类：基础原因、偶然原因和外部原因。

（1）基础原因

由于项目的基本要素缺陷造成的失败，我们称为基础原因。比如产品的质量问题、食品项目的卫生问题,这些基本要素如果存在缺陷,项目肯定会失败。而这些基础的因素,往往并不是决策能够改变的,创业者并不具备控制它的能力。也就是说,基础原因造成创业失败,说明创业者在这个项目上的F资本存在缺陷。

(2)偶然原因

与项目成败相关的因素很多,比如企业现金流意识、项目自身造血功能等。也有突然出现重大事故,如关键员工跳槽、合伙人之间出现分裂等,这也不是决策能够改变的。

(3)外部原因

项目进入运转,就要和外部社会发生交换。外部因素就成为项目生存的环境条件。项目面对的是市场,市场存在各种不确定性,这些不确定性造成的创业失败,也很难说是决策的失误。

这些原因归结起来,很重要的一点就是对项目失去了控制力。控制力的表现,不仅在内部,也在外部,还包括了偶然性因素。对项目的控制力,也就是融合各种要素的能力,就是我们一直在强调的F资本。

2.市场难以预测

决策需要信息作为基础,而信息不对称是市场的本质。因此,决策的依据很难说是否准确,那么决策的决定性作用也就很难体现。

(1)信息靠不住

对市场的预测来自于各种信息,信息包括政策、媒体、调查、财务数据等。这些信息都是一个项目面对的片面的环境,既不是整个市场的结果,也不是所有消费者的倾向。这样的信息是靠不住的。依靠靠不住的信息做决策,不能说是决策失败,而是不应该把决策建立在对市场的预测基础上。

(2)市场在变化

市场是所有参与者选择的合力。没有人可以影响所有的参与者,市场供求关系无时无刻不在发生着变化。人们都在根据自己的预测、根据他人的行为，选择最佳的方案，这就是一场大的博弈。市场在博弈中变化，没有任何人的决策能够永远正确、永远最佳。对于一个创业项目来说，决策就是生死关头。

（3）需求的主观

需求在市场交易中就表现为消费者的选择。而消费者的选择并不是完全理性的，而是充满主观色彩。比如，在股市中人们都很难承受自己的财富随时间而缩水，都明知价格波动难以预测，但仍然使用各种工具假装分析它的结果，仍然会追涨杀跌。这些主观色彩就使得企业难以预期消费者下一时刻的需求如何变化。

市场无法使用任何技术手段实现严格的预测。如果市场可以预测，那么人类就会采用计划经济的手段来实现供需的彻底平衡；而实践证明计划经济的模式是错误的，人是自由的，不可能根据既定的计划行事。既然市场不可预测，决策的失误就是一种必然，把原因归结为决策失误也就是不恰当的。

3. 企业具有影响市场的力量

如果市场无法预测，决策失误成为必然，那么是否人们就不去决策了呢？不是这样的。市场不是一个严格按照某种程式运行的机器，它有"容错率"，更有强大的"纠错"能力。决策越接近市场的结果，就表现为越能适应市场。企业的竞争，说到底就是在比拼谁更能够适应市场。

同时，企业具有影响市场的能力。企业的供应影响着消费者的需求，企业的营销影响着市场的选择，而这一切也都是根据消费者的需求在变化的。企业的供应和消费者的需求，在市场上是统一的。

企业影响市场的能力，这是一个现实的条件，而不是一种决策。企业对市场的影响力是一种内在的生命力，是与企业的F资本密切相关的。

综上所述，我们不能把项目失败的原因归结为决策的失误。决策失误的背后，是决策本身必然存在一定程度的失误，而失误能否被纠正，体现的是创业者对项目的控制力和对市场的影响力，这就是F资本。

二、理性的迷惘

创业中的理性是创业者全面地认识、深刻地理解、有效地把握项目的能力,是对项目本身和相关信息的认识、判断、处理的能力。而这对创业者的要求非常之高,要以 F 资本对创业项目的各种要素实现认识、理解、把握,实现对项目的通透。达不到这样要求的创业者,就会在创业项目的运行过程当中表现出一定程度的非理性。

1. 成功的祸患

老子说:"民之从事,常于几成而败之。"这是说人们做事常常在接近成功的时候失败。有多少创业的风云人物曾鏖战商场攻城掠地,不乏气魄与韬略,他们的项目也曾风光一时,如巨人集团、亚细亚百货、三株口服液等。人们慨叹"其兴也勃焉,其亡也忽焉",痛惜这些项目功亏一篑得而复失。当人们去追寻原因的时候,往往会把这些项目的失败归结于理性的丧失。

何以丧失理性?成功使然——成功是失败之母。创业者不能真实地认识自己的成功,把偶然的、一时一地的成功,当作奋斗的必然或者项目自身的生命力。而事实上,很多成功源于短缺经济、审批经济、权力经济等。把由此而产生的成功看成是自己的本事,以为自己力大无比无所不能而"骄兵必败"。有的创业者成功后不再谨慎,迷恋以往的经验。他们面对变化了的市场,不去研究新情况新问题,而是放大和重复以往的套路,失败也就难以避免。还有的是成功的兴奋刺激出更大的欲望,要更快更大,在亢奋中盲目操作。

成功导致理性的丧失。成功,表示项目的发展进入了一个新的阶段,项目曾有的 F 资本在新的发展当中是否成立需要新的验证。而成功者失去了过去创业时对此的认识,就会导致各种非理性行为。

2. 投机的心态

投机是对机会的误读。在创业过程中,机会是对市场、要素的把握创造出来的，仍然是靠F资本的力量。创业者做对一件事，对于项目的成功只是推进了一小步；而创业者做错一件事，对项目来说并不是倒退一步的问题，而是事关生死。成功不可能依靠偶然实现，创业不是投机，而是科学和艺术，需要理性和激情。

3. 通病的发作

古往今来，成功者都愿意把成功的原因归结为自身的努力，而当作一种必然；失败者都愿意把失败的原因归结为运气、环境等，而当作一种无奈。这种心态应用在创业上，也会表现出种种的非理性行为。成功并不是一种必然，创业者要承认自身的局限性，如履薄冰、如临深渊，谨慎地面对变幻莫测的市场，尽最大可能去适应它、改造它。而挫折往往并不是来自于运气和环境，而是创业者自身的功力不够。创业者要脚踏实地，沉下心、沉下身，要百折不挠而不是浅尝辄止。

创业者的非理性行为并不仅仅以上几端。F资本是创业理性的体现，是创业者经历、才华、能力等升华而成的，最具有资本属性的资本。它是创业的资格，是创业的能力，是项目成活的基础和条件。创业失败，并不单纯因为决策失误，更是因为创业项目本身是无魂之躯。

第二节　无根之木

树木必根深而后叶茂、花繁、果累。没有根的项目如同没有根的树木，不可能经受住市场风雨的洗礼，一定会被市场淘汰。

一、预埋的种子

老子讲"无"生"有"，"有"生万物。万物归根结底生于"无"。看不见的"无"包含了"有"的基因。这个基因在创业初始已经深藏着，决定着项目运作的结果。成功的项目都有一个好的基因被预置了；失败的项目则没有预置好的基因，甚至没有基因，是无根的项目。项目没有根，就会有如下的表现。

1. 贸然闯进陌生领域

"隔行如隔山"这句话明确了行业的专业性。而创业必须体现一定的专业性，贸然进入一个陌生的专业，就很难懂得这个专业的门道，创业的投入就都交了学费。

行业之道是"知己知彼，百战不殆"中的"彼"。"知彼"乃取胜之先决条件。许多企业出师未捷身先死，原因是并不潜心研究"彼"，也不细心分析项目的内在构成以寻找核心优势，不深入了解目标客户的状况以深刻理解其需求，仅凭一个灵感、一次报告、一套资料、一种专利、一份报纸、一本杂志、一条信息、一个想法就贸然进入，结果可想而知。

行业的特殊性体现为各种要素，不具备要素上的优势，项目就没有根，失败就是一种必然。

2. 技术不够先进和成熟

项目都有技术含量问题，技术是重要的要素，往往是项目根的所在。创业者技术的失败通常在于四个方面：先进与否、成熟与否、能否转化、能否控制。这体现了对项目技术先进性和成熟性的要求。技术还有消化问题，其转化为产品的功能还需要工艺合理、工具专有、工人熟练和材料等条件。只有这些都解决了，技术才能够变成项目的要素，成为项目的根。

3. 选择了错误的项目

我们说过，选择一个好项目，需要做减法。要减去那些行业夕阳的、资源紧缺的、技术落后的项目，这样的项目即使短暂地获得了成功，也难以持续。

创业者选择错误的项目，就体现为对根的误解。错误的项目之所以不可选择，就是因为它各方面的要素条件并不具备；用根的观念去看待它，就是这样的项目不可能具备根。

4. 单纯依赖或依附一个市场

项目要对市场进行定位和细分，要根据市场的需求确定产品和服务的功能。项目还是长长的产业链条的一部分，都有着上、下游。能够把一个细分的市场或者链条的一个环节做好，是项目成功必备的条件。但是，项目本身又必须具有开放性，不能单纯依赖或依附于一个市场。否则，市场发生了变化，项目就会遇到重大的困难甚至夭折。

用根的观念看待这种现象，就是项目并不真正具有可以把握的根，而是寄生在其他企业上。一个项目的生命，岂能握于他人手中。

5. 团队和组织的隐患

创业是一个群体的、团队的行为。一旦团队出现问题，项目往往就会面临失败的命运。团队有领导者，有技术人才，有市场人才，这些都是项目重要的资源，是项目的构成要素。团队如果出现问题，那就是项目的根出现了问题。团队没有凝聚力,根就不牢固;团队没有战斗力,根就不具备。所以,打造一支有凝聚力、战斗力的团队,也是打造、培育项目根的重要工作之一。

分析以上这些问题,我们就知道,项目的成功依赖于根,创业者要去发现、培育、稳固、发展项目的根,无根之木不可能花繁果盛。

二、规模的失当

规模失当导致创业的失败通常不易被人察觉,因为规模是投资的总体存在,对失败的作用不直接,但它却是一个巨大的隐性因素。

1. 不自觉地放大规模

创业项目需要发展,创业者本能地具有把企业做大的企盼,这对于创业来说无疑是一种"正能量"。但是,项目做大就有做大的理由、做大的计划,一定的时期总是适应一定的规模。

不适当地扩大规模,其颠覆作用发生在两个致命处:一是把创业者的能力——应该在实践中逐渐增长的能力——过早地推到了极限,由此发生混乱与失控;二是把本应宽松有余、计划使用的资金链条拉紧再拉紧,以至于完全没有松动的余地,一旦绷断则创业的过程就中断了。

2. 什么是适当的规模

市场、资金、管理、生产、销售等这些要素,就决定了规模的大小。适当的规模,就是与当前市场销售能力、当前流动资金额度、当前管理水平、当前生产技术等相适应的规模。规模是一个项目各方面要素在量上的把握。

项目的根——关键要素的水平,实际上已经确定了项目规模的大小。创业者超越这个条件,不自觉地去放大规模,过去有的项目之根,在新的规模体量下,就不一定再成立,失败就在所难免。

项目的根是项目的关键要素。一个项目的根决定了它的规模，决定了它的能力，更决定着项目的生死。项目存在陌生行业、技术落后、错误领域、单一市场、团队隐患、规模失当等问题，都源于缺乏根的支持。创业者要以根的观念去选择项目，去理解和把握项目，不要使项目成为无根之木。

第三节　无序之举

创业是以项目选择为起点，以企业诞生为终点的过程。过程因发展中的特征差异而表现为三个阶段，差异体现在每个阶段的目标不同和要解决问题的不同。三个阶段先后承接、环环相扣，不可逾越、不能颠倒、无法缺省。无视这三个阶段的必然性，就会导致各种无序之举。

一、速度的力量

创业的基本过程是不能违背的规律。创业者往往单纯地追求"快"，快的观念导致快的实践，使得解决基本矛盾的时间与空间条件不复存在。

1. 快，未必是好事

欲速则不达，任何事并不是快就好。一个项目的发展需要一定的条件，各种现实的条件，就决定了一个项目发展的速度。项目具备发展的条件，说明它具备了魂与根；而项目超越了发展的阶段，魂与根就难以在新的速度、规模下发挥作用，项目因此就会遇到困难甚至失败。所以，快，未必是好事，创业者要遵循项目发展的条件和规律。

2. 快，失去发展目的

快速发展的企业是有的。但是，快的背后是形形色色、真真假假。有真快与假快、有实快与虚快、有稳快与躁快、有长快与短快。这需要一个标准来判断。标准只能是利润，它是企业要素质量、行为过程和发展目标的综合体现。

资本扩张出的速度。一个百人的企业兼并了千人的国企,拆了厂房建楼房,卖了楼房交千余人的养老保险,再偿还几千万的银行贷款。资金还能剩多少?这样的速度有何意义?创业的务实观念体现在做强不求大,做稳不求快。

广告炸出的速度。强势媒体可以在短期内制造企业知名度,表现在销售额提升。而巨额广告成本吃掉了大部分盈利。同时,光有热闹——销售额,没有实惠——利润。一旦广告停止,销售额就减少。

市场份额带来的速度。靠价格战取得市场份额,通过大幅度降价达到抬高门槛、清理门户的目的,进而大面积地扩大市场份额,这些都是竞争的手段。使用这种手段的目的是着眼在未来,而对目前及今后一个时期而言则是一种牺牲,不能理解为速度。

3. 快,企业的墓志铭

只要认真观察,就能够感受到、看到、听到真真切切的事实:快是很多项目失败的根源。投资创业、产品制造、市场营销万万快不得、急不得。不仅在指导思想上,而且在程序上方法上也一样。

那些一度风光的企业很多都一夜垮塌。究其死因——心跳过快猝死的,头脑发热烧死的,流血过多惨死的,疲惫过度累死的,负担过重压死的,子孙满堂拖死的,神经紊乱疯死的,支撑不下安乐死的——都是在追求速度中死去的。

4. 快,是有条件的

真正能够以较快速度持续发展的企业很少,往往是伴随基础理论的重大突破,并转化为可以应用的技术和适应了持续的需求;加上一定的实力储备和得力的运作,还有长时间对核心技术的占有而获取垄断利润。几种重大因素在一个时空点集合才得以创造持续的高速度。这些高速度不具有普遍意义,是不能复制、不能盗版、不能移植,也不能抽象出一种理论,概括成一种模式,演绎为一种方法指导创业实践。

二、求快的后果

1. 断裂发展过程

"合抱之木,生于毫末;九层之台,起于累土;千里之行,始于足下。"这段话为人们熟知。接下来的两句,则是对违背这一道理的结果下了不容分说的结论:"为者败之,执者失之。"违反了这些道理的必然失败,执迷不悟的必定失足。

企业的成长同人一样,任何过程的跳跃与阶段的缺省,都会埋下隐患导致脆弱生命的夭折。我们只能是朝着目标努力地、积极地、一件一件地去做,急切焦躁都于事无补。企业的发育成长,有其自身的自然过程。任何拔苗助长都会导致死亡。

2. 导致系统混乱

企业发展这个结果在若干个单元的相互联系与制约中、在系统的平衡运动中产生。每个子系统的存在都有其各自的条件。快与慢只能是整个系统协调运动的结果,任何其中一部分的加快,不能导致其他部分的自然跟进,相反会造成系统的混乱。

例如,管理制度是驾驭其他单元的操作软件,它应该怎样产生呢?一套合理实用的管理制度不是一朝一夕能够产生的。王永庆有句名言,叫"点点滴滴"。在管理上点点滴滴追求合理化,再清楚不过地说明了:管理制度的合理化是一个长期的事情。如果套用一套制度,或组织个班子花几天搞出一套制度,而不是从企业的实际出发慢慢形成,那么,系统的混乱比想象的还要快。

再比如,一个市场营销计划,即便是一个有经验的制定者,在实施中也会碰到许多不曾预料的事,甚至全盘推翻也是常有的。如果在执行中走得过快,就无法与系统协调。碰撞的是财务预算、现金流量和原有的销售管理制度,还有产品背后的开发系统对新市场特点的适应,以及现有工艺技术对市场细分的要求,进而牵动采购系统等,这些都会直接动摇系统的平衡。如果在执行中走得过快，对预料不到的问题，在应对和处理上就没有回旋的余地，因失去协调的时间而陷入忙乱，最终丧失掌握系统的主动权。

3. 破坏生存基础

把企业做大的强烈愿望一旦遇到诱人的项目就会燃烧起来，想象中的市场期望值萦绕脑际，一次又一次地徘徊撞击，一个发展的决策就会产生，而项目本身的可行与否存而不论。

在实施新目标的过程中，管理者对原有业务的注意力可能会减弱；适应原有业务的管理制度与新项目很可能与新的目标不兼容；新项目盈利时间与原有业务供血能力也会有时间差。不论上面哪种情况出现，都会破坏企业的基础：以为生计的核心业务。一旦老鸡不再下蛋，新鸡又不会生蛋，企业就该完蛋了。

4. 产生两个风险

任何新的项目和新的领域都会有风险，风险通常来自两个方面：市场的不确定性和实现新的目标所必需的能力。前者会在前进中逐渐变得清晰，后者也会在摸索中逐渐获得。只有当冰山浮出水面，又有了可以把握的底数方可最后下决心。这时，胆子大一点、步子快一点是可以的。

不是绝对地反对"快"，有时为了抓住机会，冲一下，抢占个制高点是必要的。这时需要头脑清醒，在达到制高点的过程中，要像高明的战略家一样先考虑不要被敌人打败，在取得阶段性成果时要及时地修补破损，巩固基础。

快与生存、稳定、协调、平衡、发展的关系，先人们早有认识，如老子的"其安易持"。这说明了一个道理：肆意的快只会欲速而不达，会破坏秩序招致恶果。只有稳定的东西才能存在才能持久。这个道理同样适用于创业。

创业失败的原因，归结起来就是无魂之躯、无根之木、无序之举。创业者对于要素的把握与通透，对于市场的影响力、控制力，是资本之魂，是创业者的功夫；各种要素、尤其是关键要素的水平，是项目在市场上生存和发展的资格与权力，是项目的根；一定的规模和速度，是项目在魂与根的融合下发展的自然结果，是项目的序。魂、根、序，是一个项目生死存亡的依据。